高管外部薪酬差距的资本成本效应研究

单令彬　著

黑龙江科学技术出版社

图书在版编目（ＣＩＰ）数据

高管外部薪酬差距的资本成本效应研究 / 单令彬著.

哈尔滨 ： 黑龙江科学技术出版社，2024. 8. -- ISBN 978-7-5719-2624-3

Ⅰ. F279.246；F832.48

中国国家版本馆 CIP 数据核字第 2024ZT8251 号

高管外部薪酬差距的资本成本效应研究

GAOGUAN WAIBU XINCHOU CHAJU DE ZIBEN CHENGBEN XIAOYING YANJIU

单令彬　著

责任编辑	赵雪莹	
封面设计	单　迪	
出　　版	黑龙江科学技术出版社	

地址：哈尔滨市南岗区公安街 70-2 号　邮编：150007

电话：（0451）53642106　传真：（0451）53642143

网址：www.lkcbs.cn

发　　行	全国新华书店
印　　刷	三河市金兆印刷装订有限公司
开　　本	787 mm × 1092 mm　1/16
印　　张	9
字　　数	150 千字
版　　次	2024 年 8 月第 1 版
印　　次	2024 年 8 月第 1 次印刷
书　　号	ISBN 978-7-5719-2624-3
定　　价	68.00 元

前　言

　　长期以来,国企高管过高的薪酬引起了社会各界的不满,为了回应民众的不满,自 2009 年以来,政府相继出台若干文件,加强对国有企业,尤其是中央国企高管薪酬的管制。然而,薪酬管制可能导致严重的道德风险,即导致过度在职消费、过度投资、职务侵占和关联交易等隐性腐败行为的产生,而过度在职消费是其中最主要的隐性腐败行为。这些行为同样对国企的股东财富造成了损害,过高的在职消费还降低了货币薪酬对高管的激励效应。因此,政府颁布一系列文件约束国企,尤其是央企高管的在职消费。为了应对文件约束和避免受到公众监督,国企高管还可能进行盈余管理获取尽可能高的货币薪酬,并可能在一定程度上对过度在职消费、过度投资、职务侵占和关联交易等隐性腐败行为的相关信息进行隐瞒或造假,导致会计信息披露质量的下降。

　　资本成本是企业投融资决策的重要基准,也是评价高管工作绩效和公司治理水平的重要指标。资本成本越低,股东实际报酬率超过资本成本的幅度越大,股东的财富增长越多。当高管受到适当薪酬激励时,高管外部薪酬差距保持适当的金额,高管的工作积极性保持较高水平,这将有利于高管保持较高的工作质量,使投资者的投资风险和使投资者的要求报酬率保持较低水平,使资本成本保持较低水平;当高管薪酬激励过高时,过高的高管外部薪酬差距对高管工作积极性的激励作用有限,而代理成本增加,投资者付出成本得以回收的风险增大,投资者财富受损的风险增大,资本成本提高;当高管薪酬激励过低时,高管将通过与其他企业高管的薪酬激励情况比较而产生不公平的心理,导致高管的工作积极性下降,管理质量下降,投资者对投资的风险评估提升,继而导致资本成本增加。由于高管外部薪酬差距将对资本成本的高低产生影响,而资本成本是评价股东财富高低的重要指标。因而,可将资本成本作为评价高管外部薪酬差距是否合理的重要指标。

　　本书综合运用理论模型构建和实证分析方法,以公平理论和信号传递理论为理论基础,进行理论分析、提炼研究假设并构建模型,从三个方面进行了实证研究——高管外部薪酬差距对资本成本的总效应研究;调节效应研究:加入调节变量在职消费以后高管外部薪酬差距对资本成本的影响效应研究；中介效应研究：高管外部薪酬差距通过影响会计信息披露质量这个中介变量对资本成本的影响效应研究。本书的详细阐释思路如下。

首先，本书统计了全行业和分行业的地方国企、中央国企和民企的高管外部薪酬差距。总体来看，地方国企和中央国企的高管薪酬外部薪酬差距有逐年减少的趋势，从2012年开始出现负向的高管外部薪酬差距，2013年开始差距明显，这与2013年政府再度颁布薪酬管制的文件有关，且差距逐年增大。这些差距说明针对地方国企和中央国企的薪酬管制发挥了抑制薪酬的效应。

其次，本书对两大类资本成本估算模型——隐含资本成本估算模型和风险补偿估算模型的优缺点进行了分析，由此决定本书实证研究所用资本成本估算模型的选取。同时，本书采用GLS模型、PEG模型、OJ模型和CAPM模型对12个行业的资本成本进行了估算比较，发现我国上市公司的资本成本估值存在年度和行业的差异。为了尽可能地消除这些差异对资本成本估算误差的影响，本书将选取GLS模型、PEG模型、OJ模型这三个估算模型的平均值作为实证部分资本成本的取值；同时，选取CAPM模型作为后文的稳健性检验的模型。

第三，本书对民企和国企高管外部薪酬差距与资本成本的相关性进行了实证检验。发现民企和国企高管的外部薪酬差距与资本成本呈U型相关关系。

第四，本书加入调节变量在职消费对国企高管外部薪酬差距与资本成本的相关性进行了实证检验。检验结果表明，国企的在职消费受到大力度抑制以前，在职消费对国企高管外部薪酬差距与资本成本之间的相关关系起到削弱的作用。而国企的在职消费受到大力度抑制以后，在职消费对国企高管外部薪酬差距与资本成本之间的相关关系起到增强的作用。

同时，本书以会计信息披露质量作为中介变量，检验了高管外部薪酬差距对资本成本产生的影响。由于高管的薪酬受到管制，高管可能通过其他方式，如过度在职消费、过度投资、职务侵占和关联交易等方式进行弥补。研究发现，由于受到较为严格的内部审计监督，中央国企高管受到的薪酬管制将不会对会计信息披露质量产生显著影响。而地方国企高管受到的薪酬管制将对会计信息披露质量产生负面影响，即地方国企高管将进行盈余管理，或隐瞒会计信息，或对会计信息造假，同时，高管外部薪酬差距将通过会计信息披露质量对资本成本产生间接影响。另外，本书在回归模型中加入调节变量在职消费和中介变量会计信息披露质量，求出了中央国企和地方国企高管外部薪酬差距导致最低资本成本的极值点，通过与第三章高管外部薪酬差距统计数据的比较，发现在职消费受到大力度抑制以后，国企高管外部薪酬差距的总体平均水平低于极值点，且呈逐年下降趋势，这将导致资本成本逐年上升。

作者

2023 年 11 月

目　录

第一章 绪 论

第一节 问题的提出

  国内外很多学者都对高管外部性薪酬差距与企业绩效的激励问题进行了深入研究，研究结果也千差万别，具体表现就是高管外部薪酬差距与企业绩效的相关性或为正或为负或为 U 型关系，并与企业风险和公司治理等多种因素有关，或者相关性不显著。随着薪酬制度的改革，我国上市公司的高管薪酬却出现了长期持续增长的情况。而我国国有企业高管薪酬的激励问题更加严重，国资委对国企高管监督不力，高管对薪酬的决定权太大。从 2006 年以来，西部矿业、中国平安、中海油服、中国石化、中国神华、工商银行、中国石油、中国银行等央企的高管年薪均超越民企的高管年薪。而 2008 年中国平安保险公司董事长马明哲 6616 万元的薪酬、总经理张子欣 4770 万元的薪酬和副总经理梁家驹 4813 万元的薪酬使国企高管的薪酬达到了新的高度，远远高于同期很多民企高管的薪酬。但是，与高管外部薪酬差距较大形成明显对比的是，国有企业的业绩却没有出现如此明显的提高，尤其是 2008 年国际金融危机爆发以后，有一部分企业甚至出现"业绩降、薪酬涨"的怪现象。企业业绩的高低并不能准确地说明股东财富是否增长，只有当企业的业绩高于资本成本，才很好地实现了对股东利益的保护，高出的那一部分业绩才是股东财富的增长，因此，将高管外部薪酬差距与资本成本相结合判断高管薪酬体制的科学合理与否是值得深入研究的一个问题，而国内外关于高管外部薪酬差距与资本成本之间的相关关系研究较为鲜见。

为了回应民众的不满，政府开始对国企高管的薪酬加强管制。《国企高管薪酬条例》于 2009 年 5 月出台。该文件对国企高管的薪酬水平、薪酬结构、薪酬考核、薪酬管理以及职务消费和补充保险等内容进行了统一的规范。文件明确国企高管的薪酬水平包括三个部分：基本年薪、绩效年薪和中长期激励，因此，国企高管的薪酬有了较为全面的制度规范。2009 年 9 月 16 日，《关于进一步规范中央企业负责人薪酬管理的指导意见》由人力资源部和社会保障部等六个部门联合推出。该文件对中央国企高管的薪酬进行了进一步的管制，重申了高管薪酬不得超过职工平均薪酬的 12 倍的要求。2013 年，两会上提出的《关于深化收入分配制度改革的若干意见》的文件再次提出建议要求增强对国企高管货币薪酬的管理，并将此作为近期国有企业改革的重要关注点。2015 年 1 月 1 日，《中央管理企业负责人薪酬制度改革方案》开始施行，文件着重对部分具有垄断性质的拥有较高薪酬的央企高管和行政任命的央企高管的薪酬施行限高要求。该文件对我国央企的高管薪酬提出要求，规定高管的绩效年薪要控制在基本年薪的两倍以内，高管在聘期内的激励收入要控制在年薪总金额的 30% 以内，高管的总收入要控制在职工平均工资的 7~8 倍以内。

但是很多学者都认为高管薪酬管制的成效不佳，甚至指出薪酬管制是导致不合理的高管外部薪酬差距的重要原因，将对高管的激励产生负面影响，继而将对企业的绩效产生负面影响，还可能导致过度在职消费、腐败的产生等。陈冬华、陈信元、万华林（2005）认为即使薪酬管制最初的施行也许是合理的（但其实也不可能），由于薪酬管制的成本约束将导致薪酬管制的观察范围有限，不能覆盖到整体的经济环境变动[1]。同时，陈信元、陈冬华、万华林等（2009）认为诸多国企高管薪酬契约的调整将导致较高的成本，最终严重阻碍高管薪酬的及时调节。因此，随着时间的推移，高管薪酬的调整将表现出刚性滞后的特点。这个特点也许将导致高管的薪酬数额越来越偏离高管实际的工作质量对应的薪酬数额。不同于民营企业内生于公司中高管贡献的薪酬契约，国有企业的高管的外生薪酬受到管制而缺少对高管工作的激励效应[2]。黄再胜、曹雷（2008）的研究表明国企高管薪酬管制使董事会失去了决定薪酬高低的权利，对国企高管的薪酬激励产生严重的抑制效应，使得薪酬政策的激励效应由于缺乏制度前提而无法得以有效实施[3]。

愈加严厉的薪酬管制将导致越来越小的正向高管外部薪酬差距，或越来越大的负向高管外部薪酬差距。当高管外部薪酬差距持续降低，甚至为负时，通过与相似职位高管的薪酬比较，高管可能产生不公平的心理，继而可能采取一系列的行动弥补这个不公平，过度在职消费就是重要的弥补方式。因此，国企高管外部薪酬差距的不合理将导致高管过度在职消费等隐性腐败行为。

2012 年 12 月颁布的中央"八项规定"和"六项禁令"以文件的形式进一步严格约束了国企高管的在职消费。2014 年 8 月 29 日，中共中央政治局会议颁布了《关于合理确定并严格规范中央企业负责人履职待遇、业务支出的意见》的文件，首次对央企高管的培训、国内差旅、因公临时出国（境）、业务招待、公务用车、办公用房和通信 7 项具体内容设置上限标准，并明确对以下内容设置禁令，包括"以公款为企业高管办理的运动健身和会所、理疗保健、高尔夫、俱乐部会员等各种消费卡"和"企业以职务为标准为企业高管个人设置一定金额的消费"。

在职消费受到严厉抑制以前，在职消费能对高管降低的薪酬产生弥补作用，削弱高管外部薪酬差距的降低对高管的工作积极性产生的负面影响，由于高管的工作积极性直接影响高管的工作质量，因而影响投资者对其投资的风险评价，影响资本成本。在职消费受到严厉抑制以后，高管的灰色收入减少了很多。曾作为国企特有的激励因素——政治晋升，也由于国企高管薪酬受到严格抑制，以及在职消费受到严厉控制而在很大程度上对高管丧失吸引力。此时，高管的工作报酬主要来自货币薪酬，高管工作积极性的高低与货币薪酬的多少关系更为密切。随着高管外部薪酬差距的变化，资本成本将发生更大的变化。

国企的高管薪酬受到管制将使得国企高管可以获得的薪酬激励减少，高管可能通过其他方式获取利益，如过度在职消费、虚增利润以期获得与业绩相关的较高的薪酬、过度投资、职务侵占和关联交易等，为了使这些侵害股东利益的操作不被发现，高管可能对会计信息进行造假或隐瞒相关的信息，导致信息不对称程度提高，会计信息披露质量下降，投资者的投资风险评价提高，继而资本成本提高。

那么，在当前国企高管薪酬受到大力度的管制之下，国企高管的薪酬是否确实已经与其努力和才能无法匹配，并与非国企高管的薪酬产生了较大差距？高管外部薪酬差距是否已经对国企高管的工作质量产生了不利的影响？继而对资本成本产生负面影响？在职消费受到了何种程度的抑制？对高管的工作积极性产生何种影响？高管的薪酬应依据什么标准来及时调节？高管外部薪酬差距将对会计信息披露质量产生何种影响？会计信息披露质量变化又将对资本成本产生何种影响？这些问题是本书希望能够解答的。

第二节　选题背景及意义

一、选题背景

通过文献梳理，发现学者们从不同的角度，以对高管外部薪酬差距的不同定义，加入不同的参数，研究了企业业绩所受到的高管外部薪酬差距的影响，并得到了不同的结果。但是，鲜有文献研究高管外部薪酬差距对资本成本的影响。作为公司理财的核心概念——资本成本，是企业投融资决策及股利政策是否科学的重要衡量指标，是投资者利益保护和股东财富最大化目标实现的基准。股东的实际报酬率等于或超过资本成本，是实现股东财富最大化的准则。高管外部薪酬差距的大小将对高管工作积极性产生较大的影响，继而对高管的工作质量产生较大影响。较高的高管外部薪酬差距将对高管产生激励效应，使高管的工作积极性提高，工作质量提高，使投资者的风险评估降低，资本成本降低。当资本成本下降时，投资者获得的实际报酬率超过必要报酬率越多，股东可以获得的财富越多。同时，随着资本成本的下降，企业在满足投资者要求的报酬率之后，可以将更多的净利润留在企业中，用以扩大再投资，产生更多的财富，提升企业价值。但是，过高的高管外部薪酬差距对高管工作积极性的激励的边际效应有限，高管工作质量提高有限，同时导致代理成本上升，投资者付出成本得以回收的风险上升，投资者财富受到侵害的风险上升，资本成本反而提高。Teresa Chu, In-Mu Haw, Bryan Byung-Hee Lee, Woody Wu（2014）利用 21

个国家的数据研究发现，股权代理成本与资本成本之间呈显著正相关关系[4]。反过来分析，当高管受到薪酬管制，薪酬降低时，如果薪酬未低于根据同行业相似公司高管薪酬比较而确定的期望薪酬时，高管将保持较高的工作积极性，工作质量较高，此时，代理成本也下降，投资者付出成本得以回收的风险降低，投资者财富实现增长的风险降低，资本成本降低。当薪酬继续降低，低于根据同行业相似公司高管薪酬比较而确定的期望薪酬时，高管将产生不公平的心理，工作积极性下降，管理质量下降，虽然此时代理成本下降，但高管工作质量下降的影响更大，投资者财富受损的风险增大，资本成本提高。较低的高管外部薪酬差距可能引起高管的消极怠工，或采取其他违规的方式，如过度在职消费、过度投资、职务侵占、关联交易等获取利益，并对外隐瞒这些损害股东利益行为的信息，或进行会计造假以获取对应的尽可能高的薪酬，较差的会计信息披露质量导致投资者的风险评估提高，资本成本提高。

由于高管的管理质量将影响投资者对其投资的风险水平的评估，继而影响资本成本的高低，因此，资本成本将作为核心参数决定高管的薪酬制度设计的合理性，资本成本的高低需要得到高度关注。由于债务资本成本将在债务契约中得以明示，无需通过模型进行估算，也无需在各种管理机制中予以关注，所以本书研究的仅是股权资本成本与高管外部薪酬差距的关系，本书涉及的资本成本也是指的股权资本成本。

基于这样的背景，本书将分别以国有企业和民营企业为样本，比较分析高管外部薪酬差距影响资本成本的机理及效应、并加入调节变量在职消费，深入研究在职消费大力度抑制与否的背景下，高管外部薪酬差距影响资本成本的机理及效应。同时，研究高管薪酬降低导致的高管一系列违规获取利益的行为，以及高管通过隐藏这些行为或会计造假，降低会计信息披露质量，继而对资本成本产生影响的机理及效应。另外，构建基于资本成本的高管薪酬管制体系。

二、理论意义

（1）深入研究不同控制人性质的企业其高管外部薪酬差距对资本成本的影响机理及效应，并通过比较大力度在职消费控制前后，高管外部薪酬差距对资本成本的不同影响，分析在职消费抑制对资本成本的影响机理及效应。

（2）深入研究高管薪酬受到抑制对高管会计信息披露行为的影响，研究其通过影响会计信息披露质量继而影响资本成本的机理及效应。

（3）深入研究资本成本在高管薪酬制定政策中的作用机制。通过研究国企高管外部薪酬差距和资本成本的相关性关系，在构建以资本成本为核心指标的高管薪酬管制体系方面提供理论支持。

三、实践意义

（1）通过本书的研究，统计全行业中央国企、地方国企和民企的高管的外部薪酬差距，以及行业内部中央国企、地方国企和民企的高管外部薪酬差距，有助于了解当前各企业的高管薪酬现状及外部差距，为国企薪酬政策的制定提供数据支持。

（2）通过本书的研究，有助于了解高管外部薪酬差距对不同性质的企业的资本成本的影响效应，从而有助于政府和企业构建基于资本成本的高管薪酬调整机制，及时调整高管的薪酬激励和惩戒政策。

（3）通过本书的研究，了解高管外部薪酬差距对会计信息披露质量的影响效应，继而对资本成本的影响效应，从而有助于政府及社会关注企业的会计信息披露情况，督促企业加强内部和外部监督，实现较高的会计信息披露质量，继而实现较低的资本成本。

第三节　相关概念界定

本书涉及的需要特别解释的核心概念主要有高管外部薪酬差距、资本成本、在职消费、会计信息披露质量。

一、高管外部薪酬差距

社会比较理论认为，人们通过与其他做出相似努力的人进行比较，以此评价其做出的贡献与获得的补偿是否得到客观正确的匹配，对比的结果即外部薪酬差距，也就是高管薪酬与行业平均薪酬的差值，外部薪酬差距的值与 0 的距离越大，外部不公平程度越大。很多学者根据社会比较理论提出了高管外部薪酬差距的度量方法。Biajak （2008）通过研究发现，使用同行业平均薪酬水平作为比较基准来确定高管的薪酬是实务界广为存在的现象，是一种竞争性的薪酬确定方法，通过这种方法确定的高管薪酬显著影响高管的工作质量[5]。Faulkender（2010）的研究表明公司对于高管薪酬水平的制定将参照同行业公司的高管薪酬水平。因为低于同行业平均薪酬水平的高管薪酬在经理人市场上缺少竞争力，不能有效地激励高管的工作积极性。所以，公司在制定高管的薪酬水平时，一般将薪酬水平设定在行业平均值上[5]。江伟（2011）通过研究发现，我国上市公司在制定高管的薪酬契约时，一般都将高管的薪酬水平定在同行业高管薪酬的均值或中值水平之上，也就是采用了行业薪酬基准[7]。有一些学者采用了其他方法来度量高管薪酬差距，Cowherd Levine（1992）将企业薪酬差距分为合理薪酬差距和超额薪酬差距。合理薪酬差距源于高管的智力或劳动的投入差异，这种薪酬差距是公平合理的薪酬差距。超额薪酬差距是高管的工作投入无法配比的薪酬差距，是高管不公平薪酬的体现[8]。Core、Holthausen Larcker（1999）设计了高管薪酬的决定模型，以公司规模作为解释变量，以资产负债率、总资产收益率、两职合一、董事会人数、企业股权性质和总经理持股数作为控制变量，以残差作为衡量高管外部薪酬不公平性的变量[9]。罗华伟、宋侃、干胜道（2015）也采用了 Core 等的模型，并在原模型基础上加入了其他控制变量，如年度、总经理年龄、企业总部所在地，以残差作为衡量高管外部薪酬不公平性的变量[10]。吴联生、林景艺、王亚平（2010）采用了 Core 的模型，以残差，作为衡量高管外部薪酬不公平性的变量进行了计算[11]。以 Cowherd Levine 为代表的学者们充分考虑了高管的智力或劳动投入差异所配比的合理薪酬差距，更细化了对高管薪酬差距的划分。因此，本书将根据 Cowherd Levine 的思想，综合学者们的模型，将残差即超额薪酬差距作为高管外部薪酬不公平性的计算依据，并将每个企业的薪酬残差与行业平均薪酬残差比较的差距作为高管外部薪酬差距的衡量指标。

二、资本成本

资本成本是一个贯通宏观、微观领域的重要学术概念。从企业微观层面来说，资本成本在企业的投融资决策、经济利润的计量、绩效评估、激励政策和股利政策中起到"沉锚"的作用[12]。是否准确地度量资本成本并在企业决策中科学地加以应用，直接关系到股东财富的多寡。

资本成本概念最初的萌芽来自经济学领域，马歇尔（Marshall，1890）在《经济学原理》一书中指出："当制帽业使用相当于 3% 的利息率的机器数量时，机器的边际效用恰好是 3%。"这个 3% 的利息率就是制帽业进行投资决策时需考虑的资本成本[13]。之后的学者开始将风险因素与资本成本结合起来，提出了风险报酬的概念。Modigliani 和 Miller（1958）在《资本成本、公司财务和投资理论》一文中提出了具有奠基意义的系统性的资本理论，成为现代财务理论的里程碑。MM 指出，公司的价值与其资本结构无关，而取决于公司投资决策带来的预期现金流量按照与其风险程度相适应的折现率资本化的结果，这里的与其风险程度相适应的折现率就是资本成本。公司的加权平均资本成本取决于企业的经营风险，而与财务风险无关。当负债率增加时，财务风险也增加，股权资本成本也增加，但是股权资本成本增加对加权平均资本成本产生的正向作用被负债率增加导致的税盾效应对加权平均资本成本产生的负向作用所抵消，加权平均资本成本不变。他们认为资本成本应该成为公司投资决策的评判标准，在股东财富最大化的公司理财目标约束下，当且仅当投资收益率大于等于资本成本时才能接受该投资[14]。《新帕尔格雷夫货币金融大辞典》对资本成本的定义是：商业资产的投资者要求获得的预期收益率。以价值最大化为目标的公司经理把资本成本作为评价投资项目的贴现率或最低回报率。这里所指的最低回报率是与投资者承担的风险相适应的要求报酬率[15]。

从本质上来看，资本成本其实是一种机会成本。机会成本是经济学中的一个概念，是由于资源的稀缺性，选择一些东西的同时必须放弃一些其他的东西，这些被放弃的劳务或物品的价值就是机会成本。Mankiw（1986）也认为机会成本是为了得到某样东西而必须放弃的东西，应该将机会成本作为经济学十大原理之一[16]。Durand（1952）对资本成本的本质做了科学的诠释，他指出，资本成本是一种机会成本，是投资新项目必须赚取的、股东应该得到的最低报酬率，债券融资、股权融资和留存收益资金的使用都有资本成本[17]。《新帕尔格雷夫货币金融大辞典》中也指出资本成本投资者承担的机会成本[15]。

资本成本的机会成本性质体现在，投资者放弃的同等风险的其他投资项目可以给其带来的最高回报率的机会。因此，资本成本的本质为投资者放弃的同等风险的其他投资项目的最高投资回报率。

由于债务资本成本决定于债务契约，是确定的值，无须估算。本书研究的资本成本特指股权资本成本。

三、在职消费

Jensen 和 Meckling（1976）最早对"在职消费"进行定义，他们认为在职消费是如"私人"飞机及"过度"豪华的办公室等非货币性的利益消费[18]。这些消费能够使经理的个人效用得以增加，但公司的价值并无增加，甚至可能被减少。过度的"在职消费"是过度消耗管理资源，旨在最大限度地发挥经理的个人效用。所谓"过度"是指对企业管理性资源的耗费超过了企业经营管理的需要。因而，在职消费成为代理成本的一部分。对于在职消费的度量，陈冬华、陈信元、万华林（2005）认为，可以通过查阅上市公司年报附注中"支付的其他与经营活动有关的现金流量"项目的八个明细项目——差旅费、通信费、办公费、出国培训费、业务招待费、董事会费、会议费和小车费手动加总后所得结果[1]。Luo、Zhang、Zhu（2011）采用的方法是，高管在职消费取自管理费用中扣除了董事、高管以及监事会成员薪酬、计提的坏账准备、存货跌价准备以及当年的无形资产摊销等明显不属于在职消费的项目后的金额[19]。由于陈冬华、陈信元和万华林对在职消费的定义更加明确，也更符合在职消费的定义，而 Luo、Zhang、Zhu 计算在职消费的基础即管理费用包含的内容太广，即使扣除了一些与在职消费无关的项目，仍有大量的其他内容存在于在职消费中，相比较于陈冬华等对在职消费项目的较为明确的确定，Luo、Zhang、Zhu 对在职消费的计算更模糊一些。因此，本书采用陈冬华、陈信元、万华林（2005）对在职消费的计算方式。

四、会计信息披露质量

李一芳、曹健（2017）认为会计信息披露是指公司以公开年报的形式，将对会计信息使用者可能产生直接或间接影响的信息提供给信息使用者。会计信息披露质量包括信息披露的准确性、完整性和可靠性[20]。田昆儒、齐萱、张帆（2006）认为会计信息披露质量是会计主体对会计报表使用者需要了解会计信息的特征能够提供满足其需要的相关信息[21]。Healy、Palepu（2001）指出会计信息披露问题是因"信息问题"和"代理问题"而形成的经理层和会计信息使用者之间的信息不对称和代理冲突而产生的问题。会计信息披露质量是企业对外披露财务状况、经营成果等财务信息的质量[22]。本书将采用审计意见来评价会计信息披露质量的高低，如果为标准无保留意见则取值为 1，其他意见则取值为 0。

第四节　研究方法

（1）文献研究法：梳理与本书有关的国内外相关文献，包括薪酬管制、高管外部薪酬差距、在职消费、会计信息披露质量与资本成本的相关文献与文件。通过国内外文献梳理，把握国内外的研究现状，剖析目前研究的不足，找到新的研究切入点。

（2）数理分析法：本书通过国泰安数据库，运用 Excel 软件对我国中央国企、地方国企和民企的高管外部薪酬差距的现状进行描述性统计。

（3）实证研究法：本书采用多元回归和面板数据模型等实证研究方法，运用 Stata 13.0 和 SPSS 18.0 统计软件检验了高管外部薪酬差距与资本成本之间的相关关系，并以在职消费为调节变量，检验了在职消费严厉控制前后高管外部薪酬差距对资本成本的影响，以会计信息披露质量为中介变量，检验了高管外部薪酬差距通过会计信息披露质量对资本成本产生的影响。

第五节　内容安排

本书将高管外部薪酬差距、在职消费、会计信息披露质量和资本成本有机结合形成一个整体研究框架，通过现状调查统计—理论分析—实证检验—结论建议的研究思路来研究在高管外部薪酬差距对资本成本的影响效应，包括总效应、调节效应和中介效应，希望通过本研究为政府部门和企业的薪酬制定政策提供参考。

绪论部分主要概括论文的研究背景和研究意义；对本书的研究对象和范畴进行概述，对本书涉及的重要概念进行界定与阐释。说明本书的研究思路与研究方法，对本书的研究框架进行概述，并说明本书的理论和实践贡献，总结本书的研究特色和创新点。对高管薪酬与资本成本、薪酬管制与在职消费、薪酬管制与会计信息披露质量、薪酬激励与会计信息披露质量以及会计信息披露质量与资本成本的国内外相关文献及文件进行总结和评述。在总结已有理论和实践研究成果的基础上，分析已有文献研究的不足，并挖掘新的研究视角——高管外部薪酬差距对资本成本的效应研究，并对本书的主要内容进行概括。

文献述评部分对公平理论进行阐释和述评，包括对结果公平理论和程序公平理论的阐释和述评；对高管薪酬与资本成本的相关研究进行述评；对薪酬管制的相关文件进行阐释，对薪酬管制与在职消费的相关研究进行述评；对信号传递理论进行阐释，对薪酬管制与会计信息披露质量以及薪酬激励与会计信息披露质量的相关研究进行述评；对会计信息披露质量与资本成本的相关研究进行述评。

第三章对我国企业 2009—2016 年间全行业和分行业中中央国企、地方国企和民企的高管外部薪酬差距进行统计、比较与分析，以此了解各行业中央国企、地方国企和民企在薪酬管制的背景下高管外部薪酬差距的总体情况和变化趋势。

第四章对隐含资本成本估算技术和风险补偿技术主要模型的优缺点进行分析，确定采用隐含资本成本估算技术模型 GLS（Gebhardt，2001）、PEG（Easton，2004）和 OJ 模型（Ohlson 和 Juettner）估算样本企业 2009—2016 年的资本成本，并采用风险补偿技术模型 CAPM（Sharpe，1964）对样本企业 2009—2016 年的资本成本进行稳健性检验[23, 24, 25, 26]。模型中所需的预测数据取自锐思（RESSET）金融研究数据库和万德（wind）数据库，并采用分类汇总法计算出每家公司每个预测数据的均值。由于各模型各自的局限性，本书取 GLS、PEG 和 OJ 模型估算值的平均值进行实证检验。

第五章对国企和民企两种样本研究 2009—2016 年高管外部薪酬差距对资本成本产生的总效应，并采取实证研究的方法验证民企和国企高管外部薪酬差距与资本成本之间是否呈 U 型相关关系。

第六章将分两个时间段 2009—2012 年和 2013—2016 年研究在职消费为调节变量的情况之下，高管外部薪酬差距与资本成本的相关关系。

第七章研究 2009—2016 年间，高管外部薪酬差距对企业会计信息披露质量的影响效应，继而通过会计信息披露质量对资本成本的影响效应。分地方国企和中央国企两种样本研究，高管外部薪酬差距通过会计信息披露质量对资本成本产生的影响。

第六节　研究思路框架

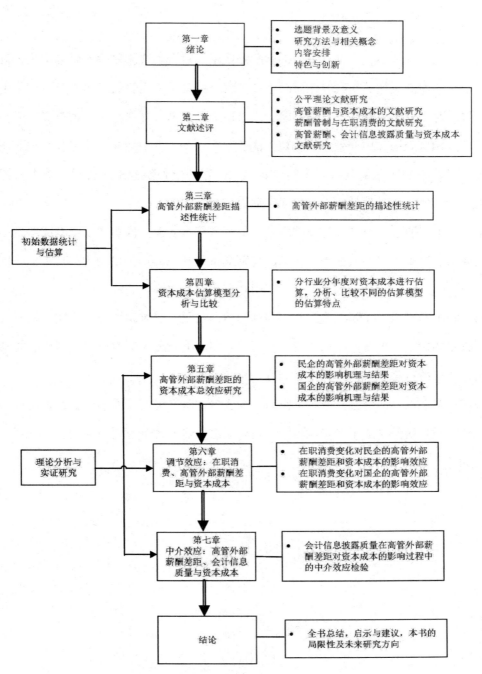

图 1-1　研究思路框架图

第七节 特色与创新

首先，本书视角新颖，将高管外部薪酬差距引入对资本成本影响的研究中去，目前的国内外研究，尚鲜见相关的研究。而高管外部薪酬差距对于高管的工作质量将产生重要的影响，继而对于资本成本产生重要影响。本书通过研究高管外部薪酬差距对资本成本产生的总效应、调节效应和中介效应，构建了高管外部薪酬差距对资本成本的作用机理框架。本书的研究将有利于帮助薪酬政策制定者了解高管外部薪酬差距在公司治理中发挥的作用，继而为薪酬管制政策的制定提供实证研究基础。

第二，本书通过研究高管外部薪酬差距的资本成本效应，构建了以资本成本最小值为依据的高管薪酬调整体系，有利于我国国企薪酬管制政策的进一步完善，丰富了该领域的文献。

第三，本书研究了在职消费抑制前和抑制后，在职消费对高管外部薪酬差距与资本成本之间关系的影响，明确了在职消费对于高管外部薪酬差距与资本成本之间相关关系的调节作用，目前鲜有学者对此问题进行研究。

第四，本书以会计信息披露质量作为中介变量，研究了高管外部薪酬差距通过影响会计信息披露质量对资本成本的影响效应。目前鲜有学者对此问题进行研究。

第二章　文献述评

第一节　公平理论文献研究

一、结果公平理论文献研究

美国北卡罗来纳大学心理学教授 Adams（1965）长期研究公平理论，他提出的公平理论是以认识失调论为基准点的理论。他的研究表明不仅是薪酬绝对值对职工的工作积极性产生影响，薪酬的相对值也将对职工的工作积极性产生影响，即做相似工作的人的薪酬容易影响到职工的工作积极性，同时，职工自己也将比较现在与过去的薪酬，比较的结果也将影响其工作积极性[27]。

第一，公平理论的模式

公平方程式为 $Q_p/I_p = Q_o/I_o$，Q_p 代表个人对所得薪酬的感受，I_p 代表个人对其投入工作的感受。Q_o 代表个人对所比较的其他人获得的薪酬的感受，I_p 代表个人对所比较的其他人投入工作的感受。当等式两边平衡时，个人对所比较的其他人与自己的投入收入比的感觉是平衡的，感知的结果是公平的。

第二，公平理论的含义

人工作的积极性不仅受到个人工作绝对薪酬的影响，还受到人们将自己的工作薪酬与别人进行比较的结果是否公平的影响。Adams 指出，个人工作的积极性受到他感受到的社会比较和历史比较的公平性的影响。每个人都可能将自己所获的薪酬与社会和历史进行比较。当公平方程式两端平衡时，个人将感受到其所获得的薪酬是公平的，继而保持较好的心情和较高的工作积极性，努力工作。如果公平方程式两端是不平衡的，等式左边是小于等于等式右边的，职工将感到自己受到了不公平的待遇，产生怨恨情绪，工作积极性降低。当等式左边大于等式右边，职工会因为自己待遇过高而可能产生不安的或感激的心理[27]。

Adams 的研究表明，当人们感到受到不公平待遇时，主要是感受到自己的待遇低于其他人时，将采取以下五种措施实现不公平向公平的转换。

（1）以自我解释来安慰自我，对于他人待遇高于自己待遇的情况进行自我解释，以消除心中的不公平感，使工作积极性不会因此而下降。

（2）采取一定行为，改变他人的工作报酬。例如，向上级领导进行申诉，要求改变其他人的工作报酬，以实现公平待遇的目的。

（3）采取一定行为，将工作投入与工作报酬的比值进行改变。通过降低工作积极性，改变自己的工作投入量，或通过向上级领导申诉，增加工作报酬的方法，实现公平方程式的平衡。

（4）更换比较对象。通过更换比较对象，实现公平方程式的平衡，用以自我安慰，实现心理的平衡。

（5）发牢骚、泄怨气，制造人际矛盾，或暂时忍耐，或离开原工作单位寻找报酬更高的单位[27]。

Adams 的研究受到了广泛的认可，但是也被指出存在很多缺陷。1977 年，美国组织行为学权威 John·B·Mina 博士通过研究总结了 Adams 公平理论应用时的三大缺陷。

（1）缺少客观的衡量标准。公平与不公平的感受是以人的主观感受为基准的，并不是以客观的基准，公平与否的评价将受到人的主观认知、思想观念和行为基准的影响。

（2）付出的劳动与获得的报酬不易计量。对劳动者付出劳动的评价不仅涉及劳动者付出的劳动强度、时间和精力等因素，还涉及劳动者的学识、经验等导致的劳动结果，这些因素都难以得到量化的结果。另外，劳动者所获的报酬涉及物质上和精神上的报酬，也难以得到量化的结果。

（3）缺少群体公平的概念。每个人对公平与否的感知是各不相同的，而公平理论认为公平的感觉是个体的付出与回报之间比较所得的感觉。无论多么客观地确定薪酬回报，也无法满足每一个人对回报的要求以及对公平的感知。因此，应建立在群体的基础上构建公平理论，从而满足整个群体对公平的感知[28]。

二、程序公平理论文献研究

程序公平理论认为相较于合理性，制度的公平性更加重要。即使一项措施是不够合理的，但只要对于每一个员工来说是公平的，最终也会被员工所接受。而措施的合理性则需要通过长期的改进得以实现。

20世纪70年代中期，学者们对公平性的研究开始重视起来，他们开始关注特定的制度和方法使员工产生公平的感觉。1975年，Thibaut和Walker对法律程序中的公平问题进行了研究，并对程序公平的概念进行了研究。他们的研究显示，对于过程控制，只要员工具有相应的权力，不论结果是否对员工有利，员工也能产生公平的感觉，从而保证一项政策的顺利实施。瑟保特和沃尔克对于公平理论的研究将公平理论提到了新的高度，使越来越多人的认识和认可程序公平[29]。

Thibaut等人将程序公平应用到组织情境中。他们通过研究指出，当员工感受到决定其报酬结果的过程是公平的时候，就会保持较高的工作积极性，从而更努力地工作[29]。Leventha（1980）等人提出了实现程序公平的六条准则。

（1）一致性原则。实现员工报酬的程序需要在时间和人员上保持一致性。

（2）避免偏见原则。对员工薪酬的分配需要一视同仁，避免偏见。

（3）准确性原则。要依靠准确的信息进行薪酬的制定决策。

（4）可修正原则。对员工薪酬的决策可以进行修正。

（5）代表性原则。薪酬的决策过程可代表员工的利益。

（6）道德和伦理规则。决策必须符合一般的道德和伦理规则的要求[29]。

Leventha（1980）等人提出程序公平法则，该法则包括了薪酬分配制度的确定、运行和完善的规则，对程序公平进行了较为全面和系统的阐释和规定[30]。

对程序公平效应方面的解释有两类模型：工具性模型与团体价值模型。工具性模型指出，为了能保证进一步得到更多公平的利益，需要对过程进行控制。参与程序公平使得各参与方对分配结果的可接受程度得以增加，利益各方对分配结果公平性的感知得以增加。团体价值模型指出个人通过公平的程序保持团队成员对团队的认同感，重视个人与团队的长期关系。

三、公平理论述评

通过以上对公平理论的阐述。可发现每个公平理论皆有其先进性和创新性，但也都有各自的缺陷。Adams.J.S.着重研究了员工的货币薪酬所具有的激励性，以及对员工工作积极性所产生的影响，他考虑了工资报酬所决定的公平结果，但没有考虑到决策过程的公平合理性。程序公平则强调的是制度的公平性，即程序的过程的公平性。该理论认为只要决策的实施过程是公平的，结果就是公平合理的。本书认为，公平感是一种心里的感觉，过程公平和结果公平同样重要，即制度的设计和实施结果同样重要，才能尽可能满足不同人的不同要求。

第二节　高管薪酬与资本成本的文献研究

国内某些学者从资本成本的角度对国内高管薪酬现状与制定策略进行了研究，国外相关研究较为鲜见。

汪平，邹颖，黄丽凤（2014）以2009年至2011年深、沪上市公司为样本，研究发现我国上市公司高管薪酬与资本成本之间存在负相关关系，高管货币薪酬相对于资本成本有向下的黏性，而高管股权薪酬相对于资本成本有向上的刚性。汪平，邹颖，黄丽凤提出了高管薪酬的资本成本约束观，即高管薪酬在总额上和变动速度上应受到资本成本的约束，以资本成本的波动为基准决定高管薪酬，才能将股东财富的变化与高管薪酬升降机制有机地结合在一起，最大可能地实现高管薪酬应有的激励功能[31]。汪平，张孜瑶（2014）研究发现资本成本的波动对高管薪酬、高管—员工薪酬差距产生明显的负相关作用。说明资本成本是影响甚至决定高管薪酬以及高管—员工薪酬差距的重要因素。随着市场经济的发展，高管—员工薪酬差距还将扩大，但是，资本成本将对该差距产生必要的抑制作用，从而有助于保持高管薪酬制度的科学性[32]。邹颖，汪平（2015）认为在现金流量既定的情况之下，高管的管理导致的资本成本的下降，意味着企业价值的增加，此时，应该提高高管的薪酬；反之，应该降低高管的薪酬，以示惩戒。这就是将资本成本至于评价高管管理水平的中心，即基于资本成本的高管薪酬制度的核心[33]。

综上所述，以汪平为代表的学者们从不同角度对于高管薪酬与资本成本的相关关系进行了研究，研究发现高管薪酬以及高管—员工薪酬差距与资本成本之间存在负向相关关系，学者们还提出了高管薪酬的资本成本约束观，不论从高管薪酬的角度，还是高管—员工薪酬差距的角度，都应根据资本成本的变化有机地调整高管薪酬。

第三节 薪酬管制与在职消费的文献研究

一、薪酬管制的相关文件

从 2002 年开始，国资委对中央企业的高管薪酬进行限制，规定高管的货币薪酬不得超过职工平均工资的 12 倍。2004 年，国资委颁布《中央企业负责人薪酬管理暂行办法》，强调高管的薪酬要与经营绩效挂钩，与风险、责任相一致。2009 年，人力资源和社会保障部等六部门联合出台《关于进一步规范中央企业负责人薪酬管理的指导意见》，强调针对中央企业高管的"限薪令"，规定 60 万是高管年薪的上限，国有银行高管的薪酬均按该标准执行。国资委于 2013 年颁布并实施《中央企业负责人经营业绩考核暂行办法》，强调坚持将高管的激励约束与经营绩效考核结果紧密结合，并将经营绩效考核作为职务任免的重要依据。在 2014 年的政治局工作会议上，习近平总书记更是以"水平适当、结构合理、管理规范、监督有效"16 个字为中央企业的高管薪酬改革指明了道路，要求调整不合理的偏高、过高收入。

二、国内研究现状

鉴于薪酬管制的国家特殊性，国外关于薪酬管制与在职消费的相关研究极少，主要是国内学者做的相关研究。

陈冬华、陈信元、万华林（2005）认为国企高管的薪酬调整并不能及时而又到位地实行。因为经济环境总在变动，高管薪酬随之而行的调整成本太高、调整难度太大，调整将受到严重阻碍。即使最初制定的薪酬是科学合理的（其实也不可能），后续的薪酬调整无法随时调整到合理的金额。薪酬管制因此将表现出刚性特征，越来越偏离企业实际的业绩，偏离高管应得的合理的薪酬，最终引发一系列严重的道德风险。因此，受到管制的国企高管薪酬安排将导致高管人员的腐败，过度的在职消费就是其中的一种[1]。高文亮、罗宏（2011）的研究发现国企高管薪酬管制导致了更高的在职消费水平[34]。吴春雷、马林梅（2011）研究了监督力变化与不变化的前提下薪酬管制对高管的激励效果。如果在薪酬管制下，监督力不变或弱化，这样的限薪令将导致高管进一步通过更多的控制权收益来弥补损失的薪酬部分，导致在职消费等腐败行为的增加，以表面的公平掩盖了实质上的不公平，代理成本增加。如果薪酬管制下，监督力增强，将引起高管对薪酬减损的不满情绪，对高管的工作产生负向激励，产生更严重的代理问题[35]。杨向阳、李前兵（2015）认为虽然薪酬管制在一定程度上降低了高管过高的薪酬，降低了企业的代理成本，但也推动了高管进行权力寻租而获取过度在职消费，伤害了股东的利益[36]。崔洪涛（2005）的研究指出，在国有企业中，薪酬管制导致高管对于无法获取的薪酬，通过获取在职消费来替代，在职消费与相对薪酬显著负相关[37]。王旭、孔玉生（2016）认为限薪令的进一步推进将引发道德风险，促使国企高管将在职消费作为提高收入的替代手段[38]。陈信元、陈冬华、万华林等（2009）认为政府管制的弊端使其往往具备脱离实际和刚性两个特点，易诱发机会主义行为[2]。陈冬华、陈信元、万华林（2005）的研究表明薪酬管制使在职消费成为替代高管薪酬的选择，货币薪酬因此而缺少有效的激励效应[1]。卢锐、魏明海、黎文靖（2008）认为我国管理层权力较大的企业，管理层的在职消费明显更高，但企业绩效并未得到提升，在职消费成为高管获取超额收益，弥补工资收益不足的重要手段[39]。陈信元、陈冬华、万华林等（2009）研究发现薪酬管制并不一定能对高管实现有效的激励。当薪酬管制降低了高管的货币薪酬时，将促使高管通过过度在职消费弥补报酬体系的缺失部分[2]。王曾等（2014）的研究表明在职消费是企业正常经营的需要，因而具有一定的合理性。而高管可能将一部分过度在职消费以表面正当的名义转入私人所有[40]。张楠、卢洪友（2017）的研究发现，"限薪令"能显著降低高管的货币薪酬，同时对不同国企的在职消费具有不同的影响结果，对央企类国企高管来说，在职消费增加幅度不够明显；对于非央企类国企高管来说，在职消费增加幅度明显[41]。陈菊花、隋姗姗、王建将（2011）研究了包含在职消费的广义薪酬模型，此时的在职消费与股权激励对经理人的努力工作起到最优效果。但是，此时的薪酬组合是否能够得到均衡解受投资者情绪的影响：当投资者悲观时能得到均衡解[42]。吴成颂、唐伟正、钱春丽（2015）研究发现企业将满足高管合理的在职消费的要求，以激励高管配合企业承担冗员的负担。但是由于信息不对称，企业无法清晰地辨认出是由于企业冗员使企业业绩下降还是高管管理不力产生的结果。处于信息优势的高管往往会夸大冗员的负担，要求更多的在职消费，进而增加代理成本，最终损害股东利益[43]。刘银国、张劲松、朱龙（2009）通过实证检验沪市上市公司的样本，发现在职消费的过度增加将由薪酬管制而导致，最终企业代理成本的增加也由薪酬管制导致，薪酬管制将对股东利益产生负面影响[44]。王晓文、魏建（2014）从政府"不平等厌恶"偏好角度分析了薪酬管制的原因及经济后果，他们通过实证检验发现高管的在职消费水平将由薪酬管制而增加，得出的结论为：推进薪酬改革的关键是去除对国有企业的行政干预[45]。吴春雷、马林梅（2011）认为薪酬管制是导致过度在职消费的必然原因，监督力的变化方向和强度从中起到重要作用。必须对监督力的适度增强予以重视，才能控制代理成本，尽管监督力的实施也增加成本，但与过度在职消费带来的成本增加相比要小很多[46]。韩亮亮、李园园（2017）以16家上市银行的96份样本数据进行了实证研究，结果表明高管手中掌握的权力越大，高管薪酬和在职消费就越少，且在中央直管的银行中，这种现象就越明显[47]。徐宁、姜楠楠（2016）的研究发现对高管，尤其是国企高管的薪酬进行管制，面对媒体的监督与晋升机会，高管会自愿降低在职消费的金额，严格约束自己的行为，最终代理成本降低[48]。刘辉、干胜道（2016）的研究表明外生的薪酬管制将导致在职消费的增加，企业的代理成本增加，国企高管薪酬管制将增加政府部门的公平感知，但是从制度层面上为国企高管薪酬提供保障才是最根本的[49]。

综上所述，大部分学者的研究表明，滞后而刚性的薪酬管制是低效率的，缺乏激励效应的，将会逐步使得高管薪酬越来越脱离实际，最终导致高管通过过度在职消费来寻求弥补，损害股东利益。个别学者的研究表明，在高管薪酬管制的背景下，高管会由于媒体的监督和晋升机会而主动降低在职消费，最终降低代理成本。

第四节　高管薪酬、会计信息披露质量与资本成本文献研究

一、信息披露理论——信号传递理论

大概在 20 世纪 70 年代，随着信息经济学的发展，信号传递理论逐渐形成，其有代表性的观点，即投资者逆向选择的观点。企业和投资者之间存在着信息不对称的问题，因而导致了"柠檬市场"和"劣币驱逐良币"的结果。尝试使那些业绩良好，但信息传递处于弱势的企业向投资者传递真实的有价值的信息，帮助投资者获得更好的投资决策成为信号传递理论要解决的问题。Akerlof（1970）指出若质量高的车主积极、主动地向买车者披露车辆方面的相关信息，帕累托效率能够得到改善[50]。1977 年，Ross 进一步将信号传递理论引入财务领域，他指出如果经理人员拥有内部信息，对经理人员激励时间的确定和资本结构信息对投资者而言是非常有意义的信息；在均衡竞争的市场上，信号的传递具有积极的意义——资本结构政策和股利政策是经理人向投资者传递高质量信息的有效途径。高质量的信号传递能够得到资本市场积极的反馈，有利于保护投资者的利益[51]。

信号的传递具有成本。业绩较好的企业能通过支付一定的成本，以高质量的信号传递将自己与业绩较差的企业区别开来，从而吸引投资者以较低水平评估企业的投资风险，继而降低资本成本，股价升高。而绩效差的企业可能由于高成本的信号模仿结果而放弃信号模仿的行为。财务报告是企业传递会计信息的重要手段，当经理人愿意将企业的真实信息通过财务报告予以披露时，投资者将获得高质量的会计信息。目前的高管薪酬契约设计多基于高管的工作业绩来进行，高管的工作业绩通过会计信息披露出来。由于薪酬管制将导致高管薪酬的降低，为了保持高额的薪酬回报，高管可能选择有利于自身利益的会计行为，主要的表现就是采用盈余管理，管理层将根据真实收益对预期薪酬回报的影响，调整盈余金额，最大化个人的利益，因而将影响审计意见的最终结果，最终影响会计信息披露质量。另外，高管也可能采取过度在职消费、过度投资、资金占用、关联交易等违规行为，并向投资者隐瞒相关的信息，保证其利益。这些行为也将增加企业财务报告获得"非标"意见的概率，降低会计信息披露质量。会计信息披露质量的降低，将得到资本市场投资者较差的评价，提高投资者对企业风险水平的评估。

二、薪酬管制与会计信息披露质量文献研究

王新、毛慧贞（2012）的研究表明国有企业的高管薪酬管制政策将导致高管降低会计信息披露质量，从而避免受到社会的监督，最终得到更多的"非标"审计意见，而导致企业代理成本的提高[52]。王新、蒲勇、赵峰（2014）的研究表明国企高管受到的薪酬管制将降低企业会计信息披露的程度，从而引发国企高管的信息寻租行为，导致高管通过盈余管理减少自愿性会计信息披露，降低来自社会的监督，并通过与审计师合谋掩盖潜在的问题[53]。许玲艳（2017）发现对高管的货币薪酬的约束将导致越来越多、越来越普遍的在职消费。为了隐藏来自在职消费的隐性收入，高管将选择不披露相关的信息，导致变差的会计信息披露质量[54]。

综上所述，学者们普遍认为薪酬管制将导致会计信息披露质量的降低，高管们为了弥补薪酬管制造成的收入减少，通过在职消费等方式获取其他收入，但是为了避免由此受到

社会的监督，而进一步在其他收入方面受到抑制，高管采取隐藏其他收入的方式不披露相关收入的信息，或对会计信息进行造假，造成会计信息披露质量降低，最终得到更多的"非标"审计意见。

三、薪酬激励与会计信息披露质量文献研究

胡国柳、韩葱慧（2009）以 2001—2007 年沪市和深市上市公司的数据为样本，以会计师事务所出具的审计意见评价会计信息披露质量，研究发现经理层、董事、监事的薪酬高低与会计信息披露质量之间呈显著正相关关系[55]。吴奕憬、于颖（2017）认为加强高级管理层的现金报酬，将使股东利益与高管利益实现趋同的目标，最终将有利于会计信息披露质量的提高[56]。武振文、郑鹏侠（2016）以 2011—2013 年深沪非金融行业上市公司为样本，研究高管薪酬与会计信息披露质量之间的相关性，研究表明高管薪酬越高，会计信息披露质量越高[57]。刘慧凤、杨扬（2009）以我国上市公司 2004—2008 年的年报数据为样本，研究发现高管的薪酬与盈余管理行为密切相关，较高的高管薪酬能够激励高管披露准确的、全面的会计信息，因此高管薪酬与会计信息披露质量之间存在显著正相关关系[58]。简冠群（2013）以 2007—2011 年我国深沪 A 股上市公司为样本，研究发现高管年度薪酬总额与会计信息披露质量显著正相关。即在其他条件相同的情况下，在一定范围内，随着高管薪酬水平的提高，会计信息质量也将有所提高。说明高管薪酬激励对于优化会计信息披露质量有正面的影响效应[59]。贾勇、蒋梦圆（2017）以 2012—2015 年我国深沪 A 股上市公司的数据为样本，研究发现高管的显性激励，即薪酬激励将对会计信息披露质量产生积极的影响，即高管薪酬激励与会计信息披露质量呈显著正相关关系。这说明较高的薪酬回报将激励高管出于自利性目的而降低对会计信息披露质量的损害，继而缓解公司的代理冲突[60]。

综上所述，学者们普遍认为当高管薪酬较高时，对高管的激励效应也较高，此时，高管为了自利目的而损害会计信息披露质量的行为将减少，因此，会计信息披露质量将提高。

四、会计信息披露质量与资本成本文献研究

（一）国外研究现状

1. 会计信息披露质量降低资本成本的成因

很多学者通过构建理论模型，发现披露会计信息能降低公司的信息不对称程度，继而降低投资者对投资风险的评价，最终降低公司的资本成本，因此，会计信息披露质量与资本成本呈负相关关系[61, 62, 63]。Handa（1993）与 Coles（1995）的研究也表明，信息披露的高质量将使投资者可获取未来收益的风险有所降低，继而使投资者降低要求报酬率，降低资本成本[64, 65]。Botosan（1997）通过建立自愿信息披露指数发现会计信息披露质量与资本成本呈负相关关系[66]。Botosan 和 Plumlee（2002）研究发现资本成本与会计信息披露水平呈显著负相关关系[67]。Botosan 等（2004）研究发现公共信息和私人信息对资本成本的影响不一样，存在互动效应[68]。Hribar 和 Jenkings（2004）的研究表明发生财务报告重述后，公司的股权资本成本将上升 7%~22%[69]。Guay 和 Verrecchia（2007）发现管理者鉴于免受监管处罚和提高声誉，将不愿意披露的会计信息披露出来后，将降低投资者预测的公司未来收益的风险，最终将降低资本成本[70]。Lambert 等（2007）认为，高质量的会计信息将降低风险系数 β，继而降低股权资本成本，而会计信息质量低将提高代理成本，从而增加股权资本成本[63]。Easley 和 O'Hara（2004）的研究表明较低的会计信息披露质量将使得投资者为了避免信息不对称提高的投资风险评估而要求更高的投资报酬，从而提高资本成本[71]。

2. 盈余质量与资本成本关系的研究

盈余质量与资本成本关系的研究较多。Francis（2005）通过实证研究发现会计信息披露质量将使企业的资本成本降低[72]。Shen 和 Huang（2013）以 85 个国家和地区的银行 1999—2008 年间的数据为研究样本，从盈余平滑度和操控性应计两个角度进行实证研究发现其盈余管理将导致资本成本提高；但是，存在银行规制的国家和地区，盈余管理对资本成本

的影响将降低[73]。Eckles（2013）以 1995—2004 年美国保险行业的数据为研究样本，以保险损失准备金误差为指标，发现在保险企业的应计质量比较高时，投保人将同意提供较低资本成本[74]。Kim 和 Sohn（2013）的实证研究表明较低的盈余质量对资本成本产生不利的影响[75]。Barth（2013）以 1974—2000 年间的美国企业为研究样本，实证检验得知资本成本与盈余信息透明度呈负相关关系[76]。

3. 会计核算一般原则与资本成本关系的研究

关于会计核算的一般原则与资本成本关系的研究，文献中较多提到谨慎性原则。Lara, Osma 和 Penalva（2001）三位来自西班牙的学者认为条件谨慎性由于提高了确认坏消息的精度，因此降低了企业的风险，降低了企业信息的不确定性，最终使资本成本得到显著降低[77]。Li（2015）以 35 个不同国家和地区 1991—2007 年间的资本成本为样本，发现比较重视财务报告的谨慎性的国家和地区，其企业的资本成本相对较低[78]。

4. 自愿信息披露与资本成本关系的研究

Botosan（1997）以美国 122 个制造业企业 1990 年的数据为样本，研究了资本成本与自愿性披露的会计信息之间的关系，在控制了 β 系数和企业规模变量之后，自愿性信息披露水平每提高 1%，企业的资本成本可以降低 0.28%。但是，在大量分析师参与的情况下，二者之间的显著性却消失了[79]。Talbi（2014）以突尼斯 1998—2004 年间 22 家上市公司为研究对象，发现了自愿性信息披露与资本成本之间呈负相关关系[80]。

（二）国内研究现状

徐晟（2013）的研究表明会计信息质量的提高将明显降低股票的流动性，通过股票流动性的传导，会计信息质量提高将使得企业的资本成本得以降低，从而使企业价值得以提升[81]。黎明、龚庆云（2010）的研究发现，具有较高质量会计信息的公司，其资本成本也较低。说明较高质量的会计信息将促使上市公司以较低的成本实现股票融资，使得证券市场的运行效率得以提高[82]。汪炜和蒋高峰（2004）的实证检验表明上市公司会计信息披露质量的降低将提高资本成本[83]。曾颖和陆正飞（2006）以深市 A 股上市公司为研究样本进行实证研究，结果显示，具有较高会计信息质量的公司其边际融资成本较低[84]。于李胜和王艳艳（2007）以2001—2003年沪深两市的上市公司为样本，发现权益资本成本与会计信息质量呈负相关关系，即降低会计信息质量能提高权益资本成本[85]。汪炜和蒋高峰（2004）、陆宇建和叶洪铭（2007）相继使用类似的方法，实证检验了权益融资成本与会计信息披露质量之间的关系，其研究结果都表明，权益融资成本与会计信息质量呈负相关关系[83, 86]。黄娟娟和肖珉（2006）检验了我国1993—2001年上市公司的融资成本与会计信息质量之间的关系，发现资本成本和会计信息质量呈显著的负相关关系，也即会计信息质量的降低将导致融资成本的提高[87]。曾颖和陆正飞（2006）的研究结论与黄娟娟和肖珉（2006）的研究结论一致。另外，他们还指出，会计信息披露质量和盈余平滑度成为影响上市公司融资成本高低的主要因素[84, 87]。汪炜和蒋高峰（2004）的研究发现，当会计信息披露数量有所增加时，资本成本将降低[83]。邓永勤、张水娟（2010）的研究表明，资本成本与会计信息质量呈负相关关系[88]。支晓强、何天芮（2010）以是否发生财务重述来衡量会计信息披露的质量，通过实证研究发现会计信息披露质量较高的公司其资本成本较低[89]。综上所述，很多学者从不同角度研究了会计信息披露质量与资本成本之间的相关关系，研究结果表明较高的会计信息披露质量将导致较低的资本成本。

学者们对与高管薪酬有关的薪酬管制以及薪酬激励与会计信息披露质量之间的相关关系，会计信息披露质量与资本成本之间的相关关系都有一定的研究，但是目前尚未发现有学者对薪酬管制或薪酬激励——会计信息披露质量——资本成本三者之间的作用机理进行系统的研究，而只是孤立地、片面地对薪酬管制或薪酬激励与会计信息披露质量，会计信息披露质量与资本成本之间的相关关系进行研究。既然薪酬管制或薪酬激励、会计信息披露质量和资本成本之间存在密切的关系，那么薪酬管制导致的高管外部薪酬差距通过影响会计信息披露质量而影响资本成本应该是可行的研究方向。

第五节　本章小结

本章总结了高管外部薪酬差距的理论基础——公平理论，通过文献梳理分析了公平理论对高管工作积极性的影响机理。围绕"高管外部薪酬差距的资本成本效应"，研究了以下几个方面的文献——高管薪酬与资本成本、薪酬管制与在职消费以及高管薪酬、会计信息披露质量与资本成本的相关关系。

在梳理国内外研究现状的基础之上，明确了目前研究的不足之处。

（1）高管外部薪酬差距与资本成本的相关性研究极少。目前的研究主要关注高管外部薪酬差距与企业业绩之间的相关性，高管薪酬与资本成本的相关性，但对于高管外部薪酬差距与资本成本的研究并未涉及。目前尚未有研究对于高管外部薪酬差距与资本成本之间的相关性以及影响机理做系统性的研究，这是需要深入、系统研究的一个内容。

（2）在职消费抑制与否对高管外部薪酬差距与资本成本的相关性的影响的研究极少。目前的研究仅对薪酬管制与过度在职消费之间的相关性做了分析。因此，本书将对在职消费抑制与否对高管外部薪酬差距与资本成本相关性的影响的机理和效应做深入分析。

（3）高管外部薪酬差距通过影响会计信息披露质量而影响资本成本的研究极少。高管外部薪酬差距不仅通过直接影响作用于资本成本，还将通过影响会计信息质量间接作用于资本成本。但是现有的文献鲜有系统地研究高管外部薪酬差距如何通过影响会计信息披露质量而影响资本成本。因此，本书将基于中介效应模型研究高管外部薪酬差距通过影响会计信息质量而影响资本成本的作用机理和效应。

第三章 我国上市公司高管外部薪酬差距描述性统计

参与公司重要投融资和经营决策的高管，其管理质量与股东利益密切相关。薪酬是高管工作的回报，根据公平理论，高管不仅关注薪酬回报的绝对金额，也关注薪酬回报的相对金额，即根据自己的管理质量评估自己应该获得的报酬，并与同行业相同职位的其他高管薪酬进行比较，以帮助自己更加全面、客观地评估自己的薪酬水平。Adams（1965）的研究表明如果高管认为其外部薪酬差距过大，所做的工作未能得到应有的报酬，将影响工作积极性，甚至离职跳槽，损害股东利益[27]。

在国企改制初期，为了调动国企高管的工作积极性，曾采用放松国企高管薪酬管制并增强激励的措施[49]；随着政府对国企支持的不断增强，国企高管的薪酬一度超越民企高管，并出现薪酬与业绩不匹配的不合理现象[49]。为了更好地保护股东利益，减少国有资产流失，自2009年以来，政府相继出台若干有力限制国企高管薪酬的文件。此时的国企过高的高管薪酬是否已得到合理的控制，国企高管薪酬与行业高管薪酬均值以及民企高管薪酬是否存在明显差距，存在怎样的差距，各行业高管薪酬离散程度怎样，有必要进行全面的统计。

第一节 高管外部薪酬差距描述性统计

在剔除了金融行业公司、ST公司、数据缺失公司、极端数据异常和实际控制人性质变化的公司，并进行1%和99%的缩尾后，得到A股上市公司从2009年至2016年共9153个观测值。根据证监会2015年的行业划分标准，分为农、林、牧、渔业，采掘业，制造业，电力、煤气和水的生产和供应业，建筑业，交通运输、仓储业，信息技术业，批发和零售贸易业，房地产业，社会服务业，传播与文化产业和综合类共 12 个行业，全行业和分行业比较国企和民企高管的外部薪酬差距。通过比较，能了解 2009 年至 2016 年间，针对国企的薪酬管制是否已经发挥了作用。

对于高管外部薪酬的计算，本书将根据 Cowherd Levine（1992）的思想，对 Core，Holthausen 和 Larcker（1999）的模型进行修正，由于高管的薪酬主要与当年的绩效指标有关，其薪酬政策主要根据当年的绩效情况来制定，因此去掉模型中对上期 ROA 的计量，采用如下高管薪酬决定模型[8][9]：

$$Ln(COMP_t) = \alpha + \beta_1 LnSize_t + \beta_2 Lev_t + \beta_3 ROA_t + \beta_4 Dual_t + \beta_5 BDS_t + \beta_6 SOE_t + \beta_7 CON_t + \varepsilon$$

（式 3-1）

其中，α 为常数项，ε 为残差，β_1 至 β_7 为各变量的系数，其值为正，且显著，说明该变量与资本成本呈正相关关系；反之，则呈负相关关系。

一、变量定义

1. 被解释变量

$LnCOMP$，高管薪酬取对数。

2. 解释变量

企业规模：总资产取自然对数。很多学者都认为，公司规模与高管薪酬呈正相关关系[90,91,92]，因为公司的规模越大对高管的才能要求越高，因此，也将给予高管更高的薪酬。李琦（2003）的研究也表明，公司的规模大小与高管的薪酬水平高低呈显著的正相关关系[93]。因此，本书假设企业规模与高管薪酬正相关。

3. 控制变量

（1）资产负债率：是公司的总负债除以总资产的结果。John（1993）的研究表明，负债水平较高的情况下，管理层的薪酬业绩相关性降低，继而促使高管投资高风险项目，使资产负债率与薪酬相关性更强[94]。Harvey 和 Shrieves（2001）通过研究发现，公司的业绩激励薪酬概率与资产负债率水平呈负相关[95]。因此，本书假设资产负债率与高管薪酬负相关。

（2）总资产收益率：是利润总额除以平均资产总额的结果。Boschen，Duru，Gordon和 Smith（2003）通过研究发现，高管薪酬与公司的业绩之间存在显著的正相关关系[96]。Ghosh（2006）的研究也表明公司的业绩与高管薪酬之间呈显著正相关[97]。因此，本书假设总资产收益率与高管薪酬正相关。

（3）两职合一：两职合一意味着董事长和总经理是同一人，因此，董事长缺乏独立性，其所作决策易受其代理人身份的影响，损害股东利益。此时，股东要求更高的风险溢价补偿。两职合一时，取虚拟变量 1，无两职合一时，取虚拟变量 0。Chung 和 Pruitt（1996）的研究表明总经理和董事长的两职合一会使总经理对公司的控制力增强，从而有助于总经理提高薪酬[98]。因此，本书假设两职合一与高管薪酬正相关。

（4）董事会规模：是董事会的总人数。Core，Holthausen 和 Larcker（1999）认为董事会规模越大，董事会对于决策越难以达成一致的意见，使得高管对公司的决策权增强，继而产生更高的高管薪酬[9]。因此，本书假设董事会规模与高管薪酬正相关。

（5）最终控制人：最终控制人为国有企业则取 1，否则取 0。陈冬华、陈信元和万华林（2005）的研究表明国企高管的薪酬受到政府的管制，其薪酬设计的市场化程度较低，因而最终控制人为国有企业时，高管薪酬可能更低[1]。因此，本书假设最终控制人与高管薪酬负相关。

（6）管理层持股比例：Allen（1981）；Lambert，Larcker 和 Weigelt（1993）；Core，Holthausen 和 Larcker（1999）的研究发现，管理层持股比例与高管薪酬之间呈显著负相关，因为高管持股比例越高，将得到越多的股利分红，继而越减少薪酬的获取[99, 100]。因此，本书假设管理层持股与高管薪酬负相关。

变量说明见表 3-1。

表 3-1　变量说明

变量性质与变量代码		详细说明
被解释变量	*LnCOMP*	高管薪酬取对数
解释变量	*LnSize*	企业规模：总资产的对数
财务特征		资产负债率=总负债/总资产
		总资产收益率=净利润/平均资产总额
公司治理特征		两职合一，虚拟变量，董事长兼任总经理取 1，否则取 0
		董事会规模
		最终控制人性质，国有企业取 1，否则取 0
		管理层持股比例=管理层持股数/总股数

二、变量的相关性分析

为了避免出现严重的多重共线性，在回归之前需要对变量的相关系数进行检验，本书采用 pearson 检验，分析各变量之间是否存在严重的多重共线性。由表中数据可知，表 3-2 各相关系数都小于 0.5。根据 Ho 和 Wong（2011）的研究，只要相关系数不超过 0.8，就不需要担心自变量间的多重共线性问题[101]。因此，本章变量间可以认为不存在多重共线性，或变量间的相关程度在可容忍范围内。表 3-3 显示各主要变量 *VIF* 值均小于 10，不存在严重的多重共线性问题，不会影响各变量的参数估计，可以进行进一步的多元回归分析。

表 3-2　全样本各变量相关系数表

	LnCOMP	*LnSize*	*Lev*	*ROAt*	*Dual*	*BDS*	*SOE*	*CON*
LnCOMP	1.00							
LnSize	0.02	1.00						
Lev	0.17	0.03	1.00					
ROAt	0.03	0.46	0.33	1.00				
Dual	−0.09	0.07	0.11	0.33	1.00			
BDS	0.02	−0.37	0.06	−0.28	−0.46	1.00		
SOE	−0.09	0.29	0.03	0.25	0.06	−0.27	1.00	
CON	0.04	0.08	−0.07	−0.06	−0.07	−0.37	−0.08	1.00

表 3-3　各主要变量方差膨胀因子

变量	VIF	1/VIF
LnSize	2.11	0.47
Lev	1.93	0.52
ROAt	1.87	0.53
Dual	1.03	0.97
BDS	1.56	0.64
SOE	1.44	0.69
CON	1.67	0.60

三、回归结果

薪酬决定模型回归结果见表 3-4。

表 3-4　薪酬决定模型回归结果

变量	估计系数	t 值
LnSize	0.27	42.77
Lev	−0.05	−13.95
ROA	0.02	6.58
Dual	0.06	1.69
BDS	0.03	5.78
SOE	−0.03	−2.03
CON	−1.96	−31.99
Constant	7.13	49.66
F 值	483.66	
$Adj\text{-}R^2$	8.50	
样本量	9153	

根据回归结果，将系数和截距代入回归方程，根据每年每个公司的具体数据，计算出每年每个公司的残差，即高管外部薪酬差距，具体数据见表 3-5 和 3-6。

表 3-5　全行业，农、林、牧、渔业，采掘业，制造业，电力、煤气和水的生产和供应业，
建筑业地方与中央国企、民企高管外部薪酬差距

	2009 年	2010 年	2011 年	2012 年	2013 年	2014 年	2015 年	2016 年
全行业民企	−0.01	−0.01	−0.02	0.10	0.11	0.05	0.13	0.15
全行业地方国企	0.01	0.01	0.01	−0.05	−0.04	−0.03	−0.06	−0.02
全行业中央国企	0.01	0.01	0.01	−0.05	−0.04	−0.03	−0.08	−0.27
农、林、牧、渔业民企	−0.01	−0.02	0.03	0.19	0.02	0.02	0.07	0.23
农、林、牧、渔业地方国企	0.02	0.01	−0.02	−0.08	−0.01	−0.01	−0.02	−0.36
采掘业民企	−0.11	−0.94	0.19	0.27	0.12	0.27	0.43	0.51
采掘业地方国企	−0.03	0.01	−0.08	−0.10	−0.02	−0.09	−0.21	−0.28
采掘业中央国企	0.49	0.27	0.13	−0.22	−0.24	−0.48	−0.20	−0.44
制造业民企	−0.11	−0.06	−0.01	0.09	0.05	0.02	0.10	0.11
制造业地方国企	0.06	0.02	−0.01	−0.06	−0.03	−0.01	−0.06	−0.26
制造业中央国企	0.37	0.04	0.38	0.19	0.03	0.05	−0.03	−0.27
电力、煤气和水的生产和供应业民企	−0.17	−0.68	−0.44	−0.36	0.02	−0.03	−0.02	0.17
电力、煤气和水的生产和供应业地方国企	0.06	0.02	0.05	0.05	0.02	0.04	0.05	0.01
建筑业民企	–	0.29	0.36	0.41	0.46	0.29	0.28	0.22
建筑业地方国企	−0.07	−0.06	−0.26	−0.23	−0.27	−0.02	−0.22	−0.32
建筑业中央国企	1.03	–	0.76	1.02	0.93	0.71	0.62	0.31

从全行业总体来看，针对国企的薪酬管制已经发挥作用，2009 年至 2011 年间，地方国企和中央国企的高管外部薪酬差距大于 0，且高管外部薪酬差距有所减小。从 2012 年开始，地方国企和中央国企的高管外部薪酬差距小于 0，呈扩大波动的变化趋势；说明针对地方国企和中央国企的薪酬管制发挥了作用。其中，中央国企的高管外部薪酬差距扩大得更快，这与特别针对中央国企高管薪酬的管制文件出台有关系。2009 年至 2011 年，民企的高管外部薪酬差距小于 0；2012 年至 2016 年民企的高管外部薪酬差距大于 0，呈波动增加趋势变化。

对于农、林、牧、渔业，2009 年至 2015 年，民企的高管外部薪酬差距大于 0，但呈缩小趋势；2011 年至 2016 年，地方国企的高管外部薪酬差距小于 0，且呈波动扩大的趋势，薪酬管制效应显现。2009 年至 2010 年，民企的高管外部薪酬差距小于 0，2012 年至 2016 年，民企的高管外部薪酬差距大于 0，且呈波动扩大趋势。央企的数据缺失，无法

比较。

对于采掘业，除了 2010 年，其余年份地方国企的高管外部薪酬差距都小于 0，且呈波动扩大趋势，薪酬管制效应显现。2009 年至 2011 年，中央国企的高管外部薪酬差距大于 0，但呈缩小趋势； 2012 年至 2016 年，中央国企的高管外部薪酬差距大于 0，且呈波动扩大趋势，薪酬管制效应显现。2009 年至 2010 年，民企的高管外部薪酬差距一直小于 0，且呈缩小趋势；2011 年至 2016 年，民企的高管外部薪酬差距大于 0，且呈波动扩大趋势。

对于制造业，2009 年至 2010 年，地方国企的高管外部薪酬差距大于 0，且呈缩小趋势；2011 年至 2016 年，地方国企的高管外部薪酬差距小于 0，且呈波动扩大趋势，薪酬管制效应显现。2009 年至 2014 年，中央国企的高管外部薪酬差距大于 0，且呈波动缩小趋势；2015 年至 2016 年，中央国企的高管外部薪酬差距小于 0，且呈扩大趋势，薪酬管制效应显现。2009 年至 2011 年，民企的高管外部薪酬差距小于 0，且呈缩小趋势；2012 年至 2016 年，民企的高管外部薪酬差距大于 0，且呈波动扩大趋势。

对于电力、煤气和水的生产与供应业，2009 年至 2016 年，地方国企的高管外部薪酬差距大于 0，且呈波动缩小趋势，薪酬管制效应显现。2009 年，中央国企的高管外部薪酬差距数据缺失；2010 年，中央国企的高管外部薪酬差距大于 0；2011 年至 2016 年，中央国企的高管外部薪酬差距小于 0，且呈波动扩大趋势，薪酬管制效应显现。除了 2013 年和 2016 年，民企的高管外部薪酬差距都小于 0。

对于建筑业，2009 年至 2016 年，地方国企的高管外部薪酬差距小于 0，且呈扩大趋势，薪酬管制效应显现。除了 2010 年，其余年份中央国企的高管外部薪酬差距大于 0，且呈波动缩小趋势，薪酬管制效应显现。2009 年，民企的高管外部薪酬差距数据缺失，其余年份民企的高管外部薪酬差距大于 0。

表 3-6　交通运输、仓储业，信息技术业，批发和零售贸易业，房地产业，社会服务业，
传播与文化业与综合类地方与中央国企、民企高管外部薪酬差距

	2009 年	2010 年	2011 年	2012 年	2013 年	2014 年	2015 年	2016 年
交通运输、仓储业民企	-0.09	0.11	0.22	0.02	0.35	0.50	0.72	0.38
交通运输、仓储业地方国企	0.33	-0.02	-0.03	-0.02	-0.03	-0.02	-0.03	-0.09
交通运输、仓储业中央国企	0.34	0.32	0.18	0.16	0.14	0.16	0.16	0.04
信息技术业民企	-0.18	0.13	0.05	0.11	0.04	0.10	0.12	0.07
信息技术业地方国企	0.09	-0.09	-0.05	-0.05	-0.05	-0.09	-0.07	-0.17
信息技术业中央国企	0.04	0.04	0.03	-0.05	-0.11	-0.06	-0.18	-0.33
批发和零售贸易业民企	-0.07	0.17	0.02	0.03	0.01	0.02	0.01	0.08
批发和零售贸易业地方国企	0.01	-0.03	-0.03	-0.03	-0.03	-0.02	-0.03	-0.07
批发和零售贸易业中央国企	1.42	0.44	0.39	0.43	0.58	0.17	0.18	0.28
房地产业民企	-0.11	-0.01	0.10	0.16	0.13	0.12	0.15	0.21
房地产业地方国企	0.04	-0.01	-0.09	-0.14	-0.11	-0.11	-0.14	-0.19
房地产业中央国企	0.93	0.78	0.73	0.77	0.69	0.79	0.75	0.37
社会服务业民企	-0.45	-0.27	-0.21	0.13	0.03	0.02	0.04	0.14
社会服务业地方国企	0.14	0.12	0.08	-0.06	-0.01	-0.01	-0.01	-0.15
传播与文化业民企	-0.51	-0.40	-0.56	-0.46	0.14	0.20	0.94	0.01
传播与文化业地方国企	0.10	0.10	0.10	0.06	-0.04	-0.02	-0.10	-0.07
综合类民企	数据缺失	数据缺失	数据缺失	数据缺失	数据缺失	数据缺失	数据缺失	0.01
综合类地方国企	无法比较	无法比较	无法比较	无法比较	无法比较	无法比较	无法比较	-0.01

对于交通运输、仓储业，2009 年，地方国企的高管外部薪酬差距大于 0；2010 年至 2016 年，地方国企的高管外部薪酬差距小于 0，且呈波动扩大趋势，薪酬管制效应显现。2009 年至 2016 年，中央国企的高管外部薪酬差距大于 0，且呈波动缩小趋势，薪酬管制效应显现。2009 年，民企的高管外部薪酬差距小于 0；2010 年至 2016 年，民企的高管外部薪酬差距大于 0，且呈波动扩大趋势。

对于信息技术业，2009 年，地方国企的高管外部薪酬差距大于 0；2010 年至 2016 年，地方国企的高管外部薪酬差距小于 0，且呈波动扩大趋势，薪酬管制效应显现。2009 年至 2011 年，中央国企的高管外部薪酬差距大于 0，且呈波动缩小趋势；2012 年至 2016 年，中央国企的高管外部薪酬差距大于 0，且呈波动缩小趋势，薪酬管制效应显现。2009 年，民企的高管外部薪酬差距小于 0，且呈波动缩小趋势；2010 年至 2016 年，民企的高管外部薪酬差距大于 0。

对于批发和零售贸易业，2009 年，地方国企的高管外部薪酬差距大于 0；2010 年至 2016 年，地方国企的高管外部薪酬差距小于 0，且呈波动扩大趋势，薪酬管制效应显现。2009 年至 2016 年，中央国企的高管外部薪酬差距大于 0，且呈波动缩小趋势，薪酬管制效应显现。2009 年，民企的高管外部薪酬差距小于 0， 2010 年至 2016 年，民企的高管外部薪酬差距大于 0。

对于房地产业，2009 年，地方国企的高管外部薪酬差距大于 0；2010 年至 2016 年，地方国企的高管外部薪酬差距小于 0，且呈波动扩大趋势，薪酬管制效应显现。2009 年至 2016 年，中央国企的高管外部薪酬差距一直大于 0，但呈波动缩小趋势，薪酬管制效应显现。2009 年至 2010 年，民企的高管外部薪酬差距小于 0，但呈缩小趋势；2011 年至 2016 年，民企的高管外部薪酬差距大于 0，且呈波动扩大趋势。

对于社会服务业，2009 年至 2011 年，地方国企的高管外部薪酬差距大于 0，但呈缩小趋势；2012 年至 2016 年，地方国企的高管外部薪酬差距小于 0，且呈波动扩大趋势，薪酬管制效应显现。2009 年至 2011 年，民企的高管外部薪酬差距小于 0，但呈缩小趋势；2012 年至 2016 年，民企的高管外部薪酬差距大于 0，且呈波动扩大趋势。中央国企的数据缺失，所以无法比较。

对于传播与文化业，2009 年至 2012 年，地方国企的高管外部薪酬差距大于 0，但呈稳定缩小趋势；2013 年至 2016 年，地方国企的高管外部薪酬差距小于 0，且呈波动扩大趋势，薪酬管制效应显现。2009 年至 2012 年，民企高管外部薪酬差距小于 0，呈波动缩小趋势；2013 年至 2016 年，民企的高管外部薪酬差距大于 0。中央国企的数据缺失，所以无法比较。

对于综合类，2009年至2015年，民企的数据缺失，无法比较。2016年，民企的高管外部薪酬差距大于0，地方国企的高管外部薪酬差距小于0。中央国企的数据缺失，无法比较。

第二节　本章小结

由以上数据可知，总体来看地方国企和中央国企的高管外部薪酬差距有逐年减少的趋势，且在2012年出现负向高管薪酬差距，差距逐年扩大。可见，从2009年开始，高管薪酬管制政策就开始发挥作用。中央国企高管外部薪酬差距的变化幅度相较于地方国企的高管外部薪酬差距变化幅度更大，这与中央国企高管薪酬受到更多文件的管制有关。对于薪酬，当高管不满意时，可通过在职消费、政治晋升或其他隐性激励的方式予以弥补，而在职消费更是其中最主要的弥补方式。随着高管薪酬受到日趋严厉的管制，在职消费也受到愈趋严厉的抑制，高管较低的薪酬无法通过在职消费予以弥补，这时，高管对薪酬的不满日趋增加，工作积极性也将受到负面影响，工作质量下降，投资者对投资的风险评估加剧上升，资本成本因此而加剧增加。资本成本的变化趋势将在后面的章节通过实证检验来进一步验证。

分行业的比较可知，中央国企和地方国企的高管外部薪酬差距或由正向差距逐年转变为负向差距；或一直为负向，且负向差距有逐年波动扩大的趋势；或一直为正向，且正向差距有逐年波动缩小的趋势。这些差距说明针对中央国企和地方国企的薪酬管制发挥了抑制薪酬的效应。

第四章　资本成本估算模型比较与分析

资本成本的估算历来是公司理财学术界和实务界的重点和难点问题。Miller 和 Modigliani（1958）认为，资本成本的含义、估算方法以及企业以何种渠道获得资本至少让三种学者感到很头疼：确保企业生存和发展的公司理财学专家，关注资本预算的管理经济学家和专注于解释微观以及宏观投资行为的经济理论家[102]。到如今，已六十年的时间，资本成本的估算仍是公司理财界的经典难题，也是众多学者研究的热点问题，其中，股权资本成本的估算更是吸引了众多学者的关注。

资本成本是投资者要求报酬率，对公司治理和公司管理产生严格的锚定作用，反映企业的财务竞争力。以利润为基础的业绩指标的高低并不能直接反映出股东财富是否增长，因为股东会根据承担风险的高低要求一个必要报酬率，即股权资本成本。当企业的业绩高于股权资本成本的幅度越大，股东财富增长幅度就越大。同时，企业的股权资本成本越低，可选择的具有营利性的投资机会越多，企业的竞争能力就越强。因此，当其他因素一定时，股东对其投资的风险评估水平降低，即股权资本成本的降低是股东财富增长的理想途径。由于债务人的利益保护通过债务契约决定，债务资本成本是事先确定的，所以本章仅估算股权资本成本的数值，以及利用股权资本成本做回归分析。

相较于债务资本成本的估算，股权资本成本的估算要复杂得多。首先，股权资本成本一般情况下无法直接获得；其次，股权资本成本的实现面临较大风险，如果企业的治理失效或者经营失败，股东就面临获取其要求的报酬率的风险。从索偿权的先后顺序来讲，债权人对于企业的资金的索偿权排在前面，同时，债权人的要求报酬率的获取也排在前面。而股东的索偿权排在最后，只能获取公司财产的剩余索偿权，其要求报酬率也排在最后。由于股东利益获取金额的不确定性，无契约性，股东要求报酬率的确定存在一定难度。一般而言，都需要采用某些方法对股权资本成本进行估算。既然为估算，就存在一定的偏差，无法十分准确地确定股权资本成本，而如何尽可能地采取一些措施，消除这些偏差是估算工作的难点也是重点。股权资本成本的估算工作是资本成本理论的核心构成，也是公司理财学科长期以来的热点和难点问题之一。

由于股权资本成本的估算无法通过获取现成的、直观的要求报酬率数据来实现，人们不得不在股权资本成本的估算过程中利用一些抽象的、间接的方法[103]。很长时间以来，理财学界的学者们从不同的视角，以不同的假设前提为基础，研究出了多种股权资本成本的估算方法，这些方法一直处于理财学学术前沿的领域中。同时，由于股权资本成本估算时涉及某些关键参数的设定，确定这些关键参数的方法将导致估算结果的重大差异，这些问题的解决与否对于股权资本成本数值确定的合理性与否有着重要的影响[103]。如何处理这些差异，或者更进一步地研究出更为完善的股权资本成本估算模型，已成为公司理财学界难以回避且亟须解决的一大难题。

资本成本的估算方法分为基于未来预测数据的隐含资本成本估算模型，也即基于折现现金流量的资本成本估算模型和基于历史数据的风险补偿技术资本成本估算模型[104]。资本成本是投资者根据对未来投资风险的估计而预期获得的理性报酬率，这两类估算技术的划分恰恰体现了资本成本的"理性"与"预期"两个基本特征。对于投资者的假设来看，风险补偿类估算模型假设投资者都是理性的，强调资本成本估算的"理性"特征。这类模型一般采用历史数据来度量预期的未来报酬率。20世纪80年代以来，风险补偿类技术是股权资本成本估算技术的主流。但是，也有很多学者认为用已实现的历史数据来度量预期的报酬率是有噪声的。20世纪90年代中期以后，学者们开始广泛采用预测的盈余数据来估算股权资本成本，这类内涵报酬类估算技术充分体现了资本成本的"预期"特征，这类估算技术也被称为隐含资本成本估算技术。

众多的资本成本的估算方法一方面为我们提供了众多可选择的资本成本估算模型，另一方面也给我们提出了选择的困惑：到底该选择哪种方法估算资本成本才更准确？企业真实的资本成本到底是多少？本章将比较主要的几种估算资本成本的模型，试图为资本成本的估算模型选择提供帮助。

第一节　隐含资本成本估算模型

隐含资本成本估算模型的资本成本是使股东可以获得的未来现金流量折现额等于当前股票价值的折现率。该类模型中不同模型的区别主要在于基于不同的假设界定股东可获得的未来现金流量。股东可以获得的现金流量主要包括股利和资本利得，这二者的差异是导致不同模型估算资本成本有所不同的主要原因。基于此，隐含资本成本估算模型可以分为三类：持续不变收益增长率模型、剩余收益模型和超常收益增长模型。

一、持续不变收益增长率模型

持续不变收益增长率模型的代表模型为 Gordon 模型[105]，公式如下所示：

$$K_s = \frac{D_1}{P_0} + g$$

（式 4-1）

其中，K_s 为资本成本，D_1 为当期每股股利，P_0 为期初收盘股价，g 为股利增长率。而这几个决定资本成本的要素中，g 的合理取值尤为重要。该模型假定股东将长期持有股票，公司将永续经营，而股利将按固定不变的值永续增长。对于处于成熟期，股利按特定比例稳定增长的企业来说，也就是 g 是一个确定的值的企业来说，这个模型估算资本成本是较为合适的[106]。但是，我国的证券市场上，很多企业的股利发放随意性很强，股利增长并不稳定，且企业永续经营难以保证，对于这些企业，Gordon 模型并不适用，该模型只能成为众多事前估算模型的理论基础。

二、剩余收益模型

剩余收益模型将当前股票账面价值和未来各期收益的总和作为股东权益。这种回报为了实现股东要求报酬率，即资本成本之后的剩余收益，因此这种模型称为剩余收益模型。

不同的剩余收益模型的主要不同在于对每期的剩余收益的估算方法不一样。剩余收益模型中比较典型的模型为 GLS 和 CT 模型。

（一）GLS 模型

GLS 模型的公式如下：

$$P_0 = B_0 + \sum_{t=1}^{\infty} \frac{E[(FROE_t - r_e)B_{t-1}]}{(1+r_e)^t}$$

$$= B_0 + \sum_{t=1}^{3} \frac{FROE_t - r_e}{(1+r_e)^t} B_{t-1} + \sum_{t=4}^{12} \frac{FROE_t - r_e}{(1+r_e)^t} B_{t-1} + \frac{FROE_{13} - r_e}{r_e(1+r_e)^{12}} B_{12}$$

（式 4-2）

P_0 为当期期初股票价格，B_0 为当期期初每股净资产，E 为预测，$FROE_t$ 为预测的每期净资产收益率，r_e 为权益资本成本，B_{t-1} 为 t-1 期的每股净资产。

Gebhardt[72]提出了 GLS 模型，他通过实证研究检验了 GLS 模型，他发现 GLS 模型比 CAPM 模型能产生更好的效果，因为 GLS 模型更好地考虑了不同的风险因素。GLS 模型是学术界广泛应用的一种模型，得到了众多学者的认可，陆正飞、叶康涛、沈艺峰、肖珉、黄娟娟、曾颖、陆正飞、黄娟娟、肖珉等学者都应用了 GLS 模型对资本成本进行估算[107, 108, 84, 87, 107]。因此，本书也将应用 GLS 模型对资本成本进行估算。

（二）CT 模型

CT 模型的公式如下所示：

$$P_0 = B_0 + \sum_{t=1}^{5} \frac{eps_t - r_e B_{t-1}}{(1+r_e)_t} + \frac{(eps_5 - r_e B_4)(1+g)}{(r_e - g)(1+r_e)^5}$$

（式 4-3）

Claus 和 Thomas（2001）提出了 CT 模型。该模型将前 5 年作为预测期，假定 5 年以后剩余收益开始永续增长，永续增长率可用通货膨胀率 g 替代，且 $0 < g < r_e$[108]。

由于该模型需要 5 年的预测数据，而分析师的 5 年的预测数据样本量缺失较多，较少的样本量做出的回归统计科学性与合理性较低，因此，本书不采用 CT 模型估算资本成本。

三、超常收益增长模型

超常收益增长模型是指股东在预测期外获得了一个稳定的要求报酬率，即资本成本以后，还能获得一个超过稳定收益增长率的超常增长率。主要的模型包括 OJ 模型和 PEG 模型等。

（一）OJ 模型

OJ 模型是由 Ohlson 和 Juettner-Nauroth（2005）提出来的一般化模型，该模型假设预测期为 1 期，预测期外的盈余的超常增长额 $eps_2 - (1+r_e)eps_1 + r_e dps_1$ 从第 1 期开始，以永续增长率 $g_p = \gamma - 1(0 \le \gamma - 1 < r_e)$ 增长[25]。其一般公式为：

$$P_0 = \frac{eps_1}{r_e} + \sum_{i=1}^{\infty} \frac{\frac{1}{r_e}[eps_{i+1} - (1+r_e)eps_i + r_e dps_i]}{(1+r_e)^i} \qquad （式 4-4）$$

经过数学推导可以得到的表达式为：

$$r_e = A + \sqrt{A^2 + \frac{eps_1}{P_0}[g-(\gamma-1)]} \qquad （式 4-5）$$

其中 $A = \frac{\gamma - 1 + dps_1 / P_0}{2}$，$g = (eps_2 - eps_1) / eps_1$，$\gamma - 1$ 为收益的长期增长率，取值 0.05[111]。当 $eps_1 > eps_2$ 时，参照 Hope 等（2008）的处理方法，令 $eps_1 = eps_2$，当根号下的值为负数时，令 $r_e = A$[112]。

Gode 和 Mohanram（2003）的研究表明 OJ 模型能较为充分地反映市场风险溢价水平，且估算资本成本时受到的限制更少[113]。他们指出，OJ 模型主要存在三个方面的先进性：首先，数据直接来源于分析师预测的数据；其次，不需要预测每股股利以外的股利支付；再次，对于干净盈余的假设不需要满足。因此，本书将采用 OJ 模型对资本成本进行估算。

（二）PEG 模型和 MPEG 模型

Easton（2004）同时提出了 PEG 和 MPEG 模型，二者的一般公式为[24]：

$$P_0 = \frac{eps_1}{r_e} + \sum_{i=1}^{\infty} \frac{\frac{1}{r_e}[eps_{i+1} - (1+r_e)eps_i + r_e dps_i]}{(1+r_e)^i} \qquad （式 4-6）$$

PEG 的推导公式为：$r_e = \sqrt{\dfrac{eps_2 - eps_1}{P_0}}$ （式 4-7）

MPEG 的推导公式为：$r_e = \sqrt{\dfrac{eps_2 + r_e dps_1 - eps_1}{P_0}}$ （式 4-8）

PEG 模型假定预测期为 1 期，预测期外的盈余超常增长率为 0，不支付股利。毛新述、叶康涛、张頔（2012）的研究发现，相较于其他隐含资本成本估算模型，PEG 模型下的资本成本估算能更好地体现各风险因素的影响[114]。且 PEG 模型较 MPEG 模型受到更多学者的应用。因此，本书选择 PEG 作为样本企业资本成本数值估算的模型。

第二节 风险补偿技术估算模型

风险补偿技术估算模型主要包括 CAPM 模型（capital asset pricing model）（Sharpe，1964）、套利定价理论模型（arbitrage pricing theory，APT）（Ross，1976）和 Fama-French 三因素模型等[26, 115, 116]。

CAPM 模型的公式为：$r_e = r_r + \beta(r_m - r_f)$ （式 4-9）

虽然以 CAPM 模型为代表的风险补偿技术估算模型由于其采用历史数据对估算结果产生的滞后性受到了广泛的诟病，但是在国内外的理论界和实务界，该模型仍然受到了广泛的应用，成为资本成本估算的经典模型。Tim（2006）指出，英国的政府规制者对资本成本的估算基本上仅采用 CAPM 模型[117]。Copeland 等（2003）指出，超过半数的研究结论对 CAPM 模型中的 β 值的解释能力给出了肯定的态度[118]。Graham 和 Harvey（2001）通过调查问卷的方式对美国和加拿大公司资本成本估算情况调查得知，CAPM 模型是应用频率最高的估算模型，比例高达 73.49%[119]。我国很多学者如吴孝灵等（2012）、赵鹏和唐齐鸣（2008）、余力、邓旭升和李沂（2013）等都采用了经典的 CAPM 模型对资本成本进行估算[120, 121, 122]。鉴于 CAPM 模型的广泛的应用现状，本书也将采用这个估算模型，在稳健性检验部分进行应用。其他资本成本的风险补偿技术估算模型应用性相对较少，加上事后估算的滞后性缺点，就不采用其他风险补偿技术估算模型进行估算了。

CAPM 模型的无风险报酬率用一年期定期存款利率按天数加权平均来计算，市场风险报酬率采用 Damodaran 的估算结果，市场风险报酬率=成熟市场的股权风险报酬率+中国股权的国家风险报酬率。

第三节 资本成本估算结果比较与分析

本书根据证监会 2015 年的行业划分标准，剔除掉金融业以后，将全行业分为 A 农、林、牧、渔业，B 采掘业，C 制造业，D 电力、煤气和水的生产和供应业，E 建筑业，F 交通运输、仓储业，G 信息技术业，H 批发和零售贸易业，J 房地产业，K 社会服务业，L 传播与文化业和 M 综合类共 12 个行业，以计算高管外部薪酬差距的 9153 个观测值为样本，以 GLS、PEG、OJ 和 CAPM 模型分别估算每个行业每年的资本成本平均值。

表 4-1　GLS 模型估算的各行业各年均值　　　　　单位：%

行业代码	2009 年	2010 年	2011 年	2012 年	2013 年	2014 年	2015 年	2016 年	全部
A	7.59	7.42	8.13	8.57	9.81	12.60	10.11	11.64	9.60
B	13.04	8.28	12.34	9.79	12.54	8.07	9.70	9.69	10.11
C	10.35	9.69	10.63	2.74	11.40	9.93	8.75	10.89	9.41
D	8.53	9.73	8.65	7.47	8.52	9.26	8.81	8.21	8.64
E	9.19	9.72	9.26	8.64	12.93	9.52	9.36	8.39	9.35
F	9.62	9.17	9.53	8.86	8.55	8.82	9.66	11.77	9.28

行业代码	2009 年	2010 年	2011 年	2012 年	2013 年	2014 年	2015 年	2016 年	全部
G	8.83	9.26	8.37	10.18	9.12	9.31	9.16	8.35	9.05
H	9.45	10.17	11.33	9.02	9.47	9.85	9.36	10.26	9.33
J	10.46	8.63	9.63	11.64	10.82	9.36	12.43	14.56	10.64
K	8.05	8.26	10.63	11.85	9.20	11.20	10.25	11.12	10.07
L	9.95	8.62	10.35	9.56	9.16	9.18	9.13	11.53	9.68
M	8.46	11.43	9.56	8.45	8.43	8.86	13.45	8.92	9.76
均值	10.95	9.76	9.55	9.42	10.10	10.13	10.12	10.55	10.13
样本量	563	669	771	782	783	785	790	1991	7134

表 4-2 PEG 模型估算的各行业各年均值　　　　　单位：%

行业代码	2009 年	2010 年	2011 年	2012 年	2013 年	2014 年	2015 年	2016 年	全部
A	9.52	12.67	12.33	7.91	9.14	9.86	11.68	12.13	10.17
B	9.46	11.63	10.65	6.28	9.22	10.16	10.95	11.33	9.52
C	11.63	8.06	9.76	8.54	10.36	10.77	10.32	11.63	10.06
D	10.52	9.01	8.27	9.95	8.83	9.88	9.78	9.94	9.82
E	10.77	9.23	9.23	7.25	11.61	10.20	10.55	11.03	9.85
F	8.93	9.21	9.87	9.56	7.83	7.97	10.86	9.83	8.13
G	12.26	8.78	9.56	8.38	11.85	11.08	10.73	11.71	10.23
H	12.82	9.45	9.27	10.63	7.96	10.16	10.15	12.28	10.37
J	13.65	9.67	10.22	10.13	9.32	10.60	9.53	10.86	10.53
K	11.15	9.50	9.31	7.16	9.48	10.45	10.13	11.75	9.87
L	14.31	10.75	8.94	10.92	9.72	8.14	8.73	9.75	10.05
M	11.13	9.02	8.65	8.83	9.55	11.56	11.35	11.42	10.13
均值	11.255	9.932	9.732	9.115	9.456	10.130	10.420	11.380	10.360
样本量	481	532	598	515	523	511	520	1343	5023

表 4-3 OJ 模型估算的各行业各年均值　　　　　单位：%

行业代码	2009 年	2010 年	2011 年	2012 年	2013 年	2014 年	2015 年	2016 年	全部
A	12.34	8.72	7.87	8.12	6.51	10.15	9.45	10.81	9.32
B	11.93	8.52	8.96	8.47	8.72	10.13	8.84	10.82	9.66
C	12.15	8.63	9.13	8.43	8.08	10.33	8.86	11.26	9.72

行业代码	2009 年	2010 年	2011 年	2012 年	2013 年	2014 年	2015 年	2016 年	全部
D	11.75	8.53	8.36	8.46	7.91	10.20	9.46	10.70	9.23
E	12.95	8.56	9.30	8.57	8.21	11.56	9.24	10.85	9.94
F	12.43	8.44	9.16	8.16	7.93	10.15	9.14	11.47	9.62
G	11.54	8.95	8.67	8.35	10.67	9.36	9.36	10.76	9.77
H	12.43	8.69	8.63	8.82	8.32	10.35	8.51	10.77	9.71
J	11.75	10.45	10.93	10.47	12.93	10.12	9.62	11.45	11.13
K	11.84	10.41	8.45	9.24	9.30	9.35	9.30	9.12	9.75
L	11.22	9.53	12.23	8.64	8.42	10.61	8.33	11.50	10.15
M	11.11	8.51	9.37	8.58	8.18	9.65	8.15	11.16	9.48
均值	12.05	9.30	9.47	8.91	8.86	10.08	9.32	10.75	9.94
样本量	531	612	659	663	653	662	681	1568	6029

表 4-4　CAPM 模型估算的各行业各年均值　　　　　　单位：%

行业代码	2009 年	2010 年	2011 年	2012 年	2013 年	2014 年	2015 年	2016 年	全部
A	8.12	8.38	10.56	10.90	8.54	8.23	10.54	9.11	9.13
B	9.36	9.35	12.21	12.75	9.82	9.87	10.28	9.06	10.19
C	8.33	8.75	11.52	11.39	8.57	8.27	10.16	9.10	9.54
D	7.92	8.07	10.93	9.64	8.06	9.00	10.30	9.17	9.04
E	8.53	8.83	12.21	12.59	9.65	8.30	11.36	9.40	9.25
F	7.94	8.40	10.27	9.36	8.63	8.71	10.73	9.25	9.16
G	7.83	8.52	11.65	11.23	9.30	9.37	10.28	9.05	9.38
H	8.16	8.23	11.06	10.93	9.38	8.57	10.73	9.22	9.60
J	8.53	8.69	11.32	11.56	9.39	8.98	10.41	9.29	9.35
K	8.38	8.16	11.98	10.37	8.27	7.50	9.54	8.80	9.52
L	7.89	7.53	9.63	9.71	8.47	10.36	10.46	9.26	9.18
M	8.72	8.73	11.27	11.78	9.72	8.54	10.38	9.59	9.67
均值	8.26	8.67	11.19	11.33	8.79	8.56	10.19	8.59	9.32
样本量	783	839	891	892	895	886	899	2331	8416

　　基于行业分类标准，依托 GLS 估算模型，本书选取了 2009 年至 2016 年的用以计算高管外部薪酬差距的 9153 个观测值为研究样本，删掉缺失值后，2009 年选取了 563 个样本，2010 年选取了 669 个样本，2011 年选取了 771 个样本，2012 年选取了 782 个样本，

2013年选取了783个样本，2014年选取了785个样本，2015年选取了790个样本，2016年选取了1991个样本，总样本量为7134家上市公司，估算我国上市公司资本成本，见表4-1。

由表4-1可知，以GLS估算模型估算的上市公司7134个观测值的资本成本均值为10.13%，年度最高值为2009年的数值，10.95%，行业最高值为房地产业的数值10.64%，这与房地产业财务杠杆普遍较高，从而产生较高的财务风险，继而资本成本较高有关；行业较低值包括电力、煤气和水的生产和供应业8.637%，交通运输、仓储业9.276%和信息技术业9.062%。电力、煤气和水的生产和供应业以及交通运输、仓储业中自然垄断企业较多，经营风险较低，信息技术业是高新技术产业，受到政府的支持和补贴较多，经营风险也较低，因此，这几个行业的资本成本较低。

基于行业分类标准，依托PEG估算模型，删掉缺失值后，2009年选取了481个样本，2010年选取了532个样本，2011年选取了598个样本，2012年选取了515个样本，2013年选取了523个样本，2014年选取了511个样本，2015年选取了520个样本，2016年选取了1343个样本，总样本量为5023家上市公司，估算我国上市公司资本成本，见表4-2。

由表4-2可知，以PEG估算模型估算的上市公司5023个观测值的资本成本均值为10.36%，年度最高值为2016年的数值（11.38%），行业最高值仍为房地产业的数值（10.52%）；行业较低值仍然包括电力、煤气和水的生产和供应业（9.824%），交通运输、仓储业（8.126%）和采掘业（9.517%）。这些行业中自然垄断企业较多，经营风险较低，因此，这几个行业的资本成本较低。

基于行业分类标准，依托OJ估算模型，删掉缺失值后，2009年选取了531个样本，2010年选取了612个样本，2011年选取了659个样本，2012年选取了663个样本，2013年选取了653个样本，2014年选取了662个样本，2015年选取了681个样本，2016年选取了1568个样本，总样本量为6029家上市公司，估算我国上市公司资本成本，见表4-3。

由表4-3可知，以OJ估算模型估算的上市公司6029个观测值的资本成本均值为9.937%，年度最高值为2009年的数值（12.05%），行业最高值仍为房地产业的数值

（11.13%）；行业较低值仍然包括电力、煤气和水的生产供应业以及农、林、牧、渔业（9.344%）。近年来，农、林、牧、渔业受到政府很多支持和补贴，因此，该行业的资本成本也较低。

基于行业分类标准，依托 CAPM 估算模型，2009 年选取了 783 个样本，2010 年选取了 839 个样本，2011 年选取了 891 个样本，2012 年选取了 892 个样本，2013 年选取了 895 个样本，2014 年选取了 886 个样本，2015 年选取了 899 个样本，2016 年选取了 2331 个样本，总样本量为 8416 家上市公司，估算我国上市公司资本成本，见表 4-4。

由表 4-4 可知，以 CAPM 估算模型估算的上市公司 8416 个观测值的资本成本均值为 9.322%，年度最高值为 2011 年的数值（11.19%），行业最高值为采掘业的数值（10.19%），这与 PEG 估算的结果相反；行业较低值仍然包括电力、煤气和水的生产供应业（9.038%）以及社会服务业（9.521%），社会服务业较低的资本成本与近年来政府大力支持文化产业发展有关。

以上分析结果表明，我国上市公司的资本成本估值存在年度和行业差异。不同的资本成本估算模型估算的结果是存在差异的，这是由于不同的估算模型运用了不同的估算技术，考虑了不同的因素导致的。即使同一个估算模型，在样本差异、样本筛选标准差异、估算参数选择等方面存在不同，也会导致估算结果大相径庭（汪平，2011）[96]。因此，为了使不同的估算模型估算结果达到互补的效果，使不同的估算模型各自的误差得以尽可能地消除，本书将取 GLS、PEG 和 OJ 三种模型的估算结果的平均值作为回归模型中的资本成本数值，对于稳健性检验则采用 CAPM 模型进行估算。

第五章 高管外部薪酬差距的资本成本总效应研究

第一节 问题的提出

收益增长并不必然为股东产生财富，只有当投资回报率高于股东要求的必要报酬率时，高出的那一部分才是企业价值的增值。只有当企业能够创造超过其资本成本的价值，才能为股东真正创造出更多的财富。资本成本是金融学中最基础和应用最广泛的一个概念，是评价公司各项决策的重要指标，是使股东利益得到保护、投资者财富得以最大化的重要指标。由此可知资本成本对于实现股东财富最大化的锚定作用。债权人和股东是两类不同的投资者，债权人的利益主要通过债务契约得以保护，股东的利益则需要通过公司治理得以保护，资本成本的应用则是公司治理中的重要手段，而将高管薪酬与资本成本有机地结合则成为发挥资本成本的公司治理作用的重要手段。资本成本的高低取决于投资者对其投资风险的评价。当高管的管理质量较高时，企业的投融资决策和股利政策合理性和科学性得以保证，股东财富的提升得以保证，投资者的投资风险评价将得以降低，资本成本得以降低。因此，高管的管理质量则成为投资者投资风险评价的重要影响因素，也成为资本成本高低评价的重要影响因素。

高管的工作质量对股东财富实现最大化有重要的作用，因此如何能促进高管保持较高水平的管理质量是值得深入思考和研究的问题。根据经济人假设，人就是以完全追求物质利益为目的而进行经济活动的主体，人都希望以尽可能少的付出，获得最大限度的收获。高管对于自己为工作做出的辛勤劳动，也期望获得尽可能多的回报。管理者的管理才能是一种管理财富，为了能够促使管理者留任企业并为企业管理作出贡献，公司将提供给管理者相应的货币薪酬。货币薪酬激励成为激励高管工作积极性，促进高管保持较高水平管理质量的重要手段。然而在现实中，管理者个人管理能力和努力水平很难被客观地评价，高管们往往通过将其获得的薪酬与同行业相似公司具有相似努力和才能的高管的薪酬进行比较，来确定其在薪酬方面是否受到公正对待，继而影响高管的工作积极性，影响高管的工作质量，影响投资者对其投资的风险评价，最终影响资本成本。因此，高管的外部薪酬差距成为衡量高管薪酬的外部公平性的重要指标，也成为激励高管工作积极性，保证高管较高的工作质量，降低资本成本的重要手段。

现有的文献多研究高管的外部薪酬差距与企业绩效之间的相关性，或加入其他变量如管理者权力、股权性质、盈余管理、产品市场竞争等研究三者之间的相关性，而对资本成本这个决定是否能实现股东财富最大化的核心指标则鲜有相关的研究。既然高管的外部薪酬差距将对高管的工作积极性产生影响，继而对高管的管理质量产生影响，对投资者的投资风险评估产生影响，最终对资本成本产生影响，那么研究高管的外部薪酬差距的资本成本影响效应具有较强的现实意义，高管外部薪酬差距将对资本成本产生怎样的影响效应值得深入研究。基于以上分析，本书将对高管外部薪酬差距的资本成本总效应进行实证研究。

第二节 理论分析与研究假设

中国人对薪酬的公平性有较大的偏好，在强调"公平"的中国社会，薪酬的绝对金额不是影响高管工作积极性的唯一因素。Gachter 和 Fehr（2002）研究发现，大多数人不仅关心薪酬绝对额的多少，在自利性偏好外还有公平性偏好，即关心薪酬与相似职位的其他人的比较。高管将自己所得薪酬与其他企业类似职位的高管的薪酬进行比较，分为上行比较和下行比较。相对薪酬低于 1 时，为上行比较，即与比自己薪酬高的高管进行比较；相对薪酬高于 1 时，为下行比较，即与比自己薪酬低的高管进行比较。上行比较的结果一般是负向的，容易让高管产生"不公平""付出多回报少"的不平衡心理，可能导致高管消极怠工、甚至辞职以求公平的待遇。下行比较的结果一般是正向的，大多数人对自己较高的薪酬产生满意的心理，对自己工作水平评价提高，也更有动力完成未来的工作[123]。但是，祁怀锦和邹燕（2014）也指出，这样的相关关系并非为线性，随着高管外部薪酬差距的进一步增大，其对薪酬的需求趋于饱和，薪酬的边际效用将逐渐降低，降为 0，甚至为负[124]。同时，不论高管如何努力，资本成本下降的空间有限，进一步薪酬的增加可能反而增加资本成本。由此可见，当薪酬的边际效用为零，甚至为负时，薪酬激励的效用也将面临拐点。

货币薪酬是高管收入的重要组成部分，我国现有的国企高管薪酬受到管制，很多国企高管外部薪酬差距低于全行业或者民企的均值，高管薪酬的市场化偏离将导致外部薪酬差距的不合理的产生，使得国企高管薪酬并未能灵活准确地及时反映高管对企业做出的贡献。陈冬华、陈信元、万华林（2005）的研究表明，针对我国国企高管的薪酬管制内生于政府的行政干预和国有资产的管理体制，由于处于信息劣势，国有资产管理委员会很难有效地观察到国企高管管理的努力程度和水平，很难与国企高管签订有效的事前激励契约，也无法实施有效的事后的监督[1]。因此，制定并实施统一的薪酬管控体制是唯一的选择。薪酬管制将使得高管的薪酬降低，当超额高管薪酬差距为正，且未低于高管根据与同行业相似公司的高管的超额高管薪酬差距进行比较而期望的超额高管薪酬差距时，根据公平理论，高管的薪酬将使高管产生满意的心理，保持较高的工作积极性。在其他因素不变的情况下，高管较高的工作积极性将使高管保证较高的工作质量，即高管的经营与投资决策的科学合理性程度较高，从而使得投资者对其投资风险的评价较低，其要求的报酬率保持较低水平，资本成本保持较低水平。同时，随着高管薪酬的降低，代理成本降低，投资者付出成本得以回收的风险降低，投资者财富实现增长的风险降低，资本成本降低。当超额高管薪酬差距低于高管根据与同行业相似公司的高管的超额薪酬差距进行比较而期望的超额薪酬差距时，随着高管薪酬的进一步降低，高管的不公平心理产生，高管的工作积极性受到负面影响，工作质量可能降低，投资者对其投资风险的评价提高，要求报酬率提高，资本成本增加。此时，虽然高管薪酬降低导致了代理成本降低，但高管工作质量可能降低，使投资者付出成本得以收回的风险提高，投资者财富遭到损失的风险提高，最终的综合效应是资本成本提高。由此可知国企高管的外部薪酬差距与资本成本呈 U 型相关关系。虽然根据第三章对高管外部薪酬差距的统计可以发现，中央国企的高管外部薪酬差距相较于地方国企来说，逐年下降的幅度更大、速度更快，但是高管外部薪酬差距对资本成本的影响原理并不因高管外部薪酬差距的值的大小发生变化，对于地方国企和中央国企来说，并无其他重要影响因素导致资本成本具有不同的变化规律，地方国企和中央国企高管外部薪酬差距的资本成本影响机理是一样的。因此，实证研究中不将地方国企和中央国企分开进行检验，而是统一作为国企进行实证研究。根据公平理论，民企高管的工作积极性也将受到薪酬大小的影响，高管的外部薪酬差距的变化使得民企高管的工作积极性的变化与国企的情况相似，继而对民企高管的工作质量的影响和对资本成本的影响也相似。因此，民企高管的外部薪酬差距与资本成本也呈 U 型相关关系。

因此，本书提出假设：

假设 1a：民企高管外部薪酬差距与资本成本呈 U 型相关。

假设 1b：国企（地方国企和中央国企）高管外部薪酬差距与资本成本也呈 U 型关系。

第三节　模型设定及变量选择

一、样本与数据来源

本章选用的样本主要来自 CSMAR 中国股票市场交易数据库、Resset 数据库和万德数据库，剔除了金融、保险业样本、数据缺失样本和数据极端异常样本，最终得到 2009 年至 2016 年假设 1a 的民企的 499 个观测值，假设 1b 的国企的 4163 个观测值。

二、模型设定

对于假设 1a 和 1b，本章构造模型如下：

$$R = \alpha + \beta_1 EECG_t + \beta_2 EECG_t^2 + \beta_3 Lev_t + \beta_4 Lnsize_t + \beta_5 MBRG_t + \beta_6 Turn_t$$
$$+ \beta_7 Asset_t + \beta_8 Dual_t + \beta_9 ID_t + \beta_{10} BM_t + \beta_{11} PE_t + \beta_{12} Beta_t + \beta_{13} Year_t + \beta_{14} Indu_t + \varepsilon_t$$

（式 5-1）

其中，为常 α 数项，ε 为残差，β_1 至 β_{14} 为各变量的系数，其值为正，且显著，说明该变量与资本成本呈正相关关系；反之，则呈负相关关系。

三、变量定义

1. 被解释变量

R，资本成本，是以 GLS/OJ/PEG 模型估算的资本成本平均值。

2. 解释变量

高管外部薪酬差距：根据高管薪酬决定模型，计算残差，并与行业平均残差相减，作为高管外部薪酬差距的衡量指标。根据假设，可知本书认为高管外部薪酬差距与资本成本呈 U 型相关关系。

3. 控制变量

（1）资产负债率：本书选取的指标为总资产负债率，是企业的总负债除以总资产的结果。Modigliani 和 Miller（1958）认为资产负债率较高的企业面临的破产风险也较高，为了补偿其承担的破产风险，股东会要求较高的报酬，因此，资产负债率与资本成本呈正相关[14]。Richardson 和 Welker（2001）也认为资产负债率越高，企业承担的财务风险将越高，则越可能发生利息和本金违约的财务危机，所以资本成本与资产负债率正相关[125]。因此，本书假设资产负债率与资本成本正相关。

（2）总资产的对数：Banz（1981）以1975年在美国纳斯达克上市的股票为样本研究发现规模小的企业其风险报酬率较高[126]。公司的财务状况，如总资产的规模也会影响资本成本（汪平，李光贵，巩方亮，2008）[127]。汪平、张孜瑶（2014）的研究认为企业规模与资本成本呈负相关关系。他们提出三因素模型验证了股票市场价值的对数与股票收益率呈显著负相关关系[32]。叶康涛、陆正飞（2004）的研究也发现企业规模与资本成本呈显著负相关关系。总资产可以代表企业的规模，一般认为企业的规模越大，则越成熟，稳定性越强，风险也越低[128]。姜付秀、陆正飞（2006）认为公司规模越大，公司抵抗风险的能力越强，投资者对公司的风险评价越低，公司的资本成本也越低[129]。因此，本书以总资产的对数评价企业规模，并假设企业规模与资本成本呈负相关关系。

（3）主营业务收入增长率：是本年主营业务收入减去上年主营业务收入，再除以上年主营业务收入的结果。主营业务收入增长率代表公司的成长能力，对资本成本具有很好的解释能力，主营业务收入增长越快，投资者承担的投资风险越低，资本成本越低（肖晗，2011）[130]。霍晓萍（2014）通过实证研究也发现，较高的主营业务收入增长率将导致较低的资本成本[131]。因此，本书假设主营业务收入增长率与资本成本呈负相关。

（4）年总股数换手率：汪平，张孜瑶（2014）认为投资者的投资行为将受到股票流动性的影响，股票流动性越强，越能得到投资者的关注，投资者信任该股票的程度越高，资本成本就越低[32]。陆宇建和叶洪铭（2007）的研究也发现，股票的流动性越强，则导致越少的交易成本，最终导致越低的资本成本[86]。Kyle和Vila（1991）的研究发现股票流动性较强的企业，企业被收购的可能性增加，为了避免由于企业被接管而更换高管，高管将更努力地工作，代理成本降低，股东的投资风险降低，资本成本降低[132]。同时，股票流动性的增强使股东不满意高管的工作时，可以高效地卖掉股票，寻求更好的投资机会，因此，投资风险降低，资本成本降低（Adamati和Pfleiderer，2009）[133]。还有学者以信号理论为理论基础分析，股票的流动性越强，股价越能体现企业的个体信息，股东的投资风险越低，资本成本越低（苏冬蔚、熊家财，2013）[134]。因此，本书假设年换手率与资本成本呈负相关。

（5）经营效率：是营业收入除以总资产的结果。Ang 等（2000）的研究表明，企业资产周转率的高或者低，显示了高管运用公司资产的效率高或者低，资产周转率越低，公司资产的运用效率越低，资本成本越高[135]。叶康涛，陆正飞（2005）的研究表明企业的资产周转率越低，则说明企业的代理问题越严重，从而资本成本越高[128]。因此，本书假设经营效率与资本成本呈负相关。

（6）两职合一：两职合一意味着董事长和总经理是同一人，因此，董事长缺乏独立性，其所作决策易受其代理人身份的影响，损害股东利益。此时，股东要求更高的风险溢价补偿。两职合一时，取虚拟变量 1，无两职合一时，取虚拟变量 0。汪平，张孜瑶（2014）的研究表明两职合一相较于无两职合一时，资本成本更高。因此，本书假设两职合一与资本成本呈正相关[32]。

（7）董事会的独立性：是独立董事除以董事总数的结果。董事会的独立性越强，董事的公司治理效果越好，投资者要求的风险溢价补偿越低，资本成本越低。但是目前在我国，由于独立董事的薪酬受到上市公司的控制，独立董事的独立性较差。当独立董事的利益受到威胁时，难以避免独立董事屈从于高管的决策，致使很多时候独立董事并未很好地发挥其应有的作用。刘浩（2012）以 2001—2008 年的数据实证分析发现我国企业股权较为集中的原因导致独立董事并未努力工作；但是在金融化程度较低的地区以及银根紧缩的情况下，独立董事将较为充分地发挥作用[136]。孙俊奇，张梅（2012）的研究发现，如果独立董事具备会计专业背景，则独立董事人数与资本成本呈显著负相关[137]。以上文献表明，独立董事在某些地区和某些特定情况下将发挥一定的作用，因此，本书将董事会的独立性作为一个控制变量，并假定董事会的独立性与资本成本负相关。

（8）账市比：是公司股票的每股账面价值除以每股市价的结果。Fama 和 French（1993）的研究发现，企业的账面市值比较高，其承担的系统性风险也比较高，或企业的股价被低估，这表明公司具有较高的资本成本[116]。汪平、张孜瑶（2014）以 2000—2012 年沪深两市所有 A 股上市公司为样本，实证研究证明账面市值比与资本成本呈正相关关系[32]。因此，本书假设账市比与资本成本呈正相关。

（9）市盈率：市盈率为每股市价与每股收益的比值。市盈率表现出投资者愿意为预期每股收益付出的代价，反映了投资者对企业未来发展前景的信心，市盈率越高，投资者对该股票的风险评价越低，资本成本越低（汪平，张孜瑶，2014）[32]。本书对市盈率做了取对数的处理，并假设市盈率与资本成本呈负相关。

（10）贝塔系数：叶康涛，陆正飞（2005）的研究表明 β 系数越大，说明股票价格波动幅度越大，投资者承担的风险越大，此时，投资者会要求更高的报酬率来补偿其承担的投资风险，导致股权资本成本的增高[128]。汪平，张孜瑶（2014）也认为由于 β 系数反映公司承担的系统风险，因此，股票价格的变动幅度将随着 β 系数的变大而变大，投资者面临的风险也由此而变大，必然要求更高的报酬率来弥补承担的风险，因而，公司的资本成本越高[32]。因此，本书假设贝塔系数与资本成本呈正相关。

表 5-1　变量说明

变量性质与变量代码		详细说明
被解释变量	R	资本成本
解释变量	EECG	根据高管薪酬决定模型计算的残差与行业平均残差相减
控制变量		财务特征
	Lev	资产负债率=总负债/总资产
	LnSize	总资产的对数
	MBRG	主营业务收入增长率=（主营业务收入-上年主营业务收入）/上年主营业务收入
	Turn	年总股数换手率
	ASSET	经营效率=营业收入/总资产
	BM	账市比=公司股票的每股账面价值/每股市价
	PE	市盈率=每股股价/每股收益
	Beta	贝塔系数
		公司治理特征
	Dual	两职合一，虚拟变量，董事长兼任总经理取 1，否则取 0
	ID	董事会独立性=独立董事人数/董事会总人数
	Year	年度变量，虚拟变量，当年为 1，否则为 0
	Indu	行业变量，虚拟变量，根据证监会《上市公司行业分类指引（2015 年修订）》将行业共分为 13 类，剔除金融业后 12 个虚拟变量，当公司处于某一行业时，该行业哑变量取 1，否则为 0

四、主要变量的描述性统计

本章回归分析模型中变量的描述性统计见表 5-2、表 5-3 和表 5-4 所示。考虑到极端值的影响，本章对模型中的数据在 1%和 99%的水平上进行了 winsorize 处理。

表 5-2　民企有关变量的描述性统计

Varible	Obs	Mean	Median	Std. Dev	Max	Min
资本成本（R）	1972	0.10	0.10	0.19	0.36	0.05
高管外部薪酬差距（$EECG$）	1972	0.10	0.11	0.69	0.71	−0.47
资产负债率（Lev）	1972	0.50	0.51	1.00	0.91	0.01
总资产的对数（$LnSize$）	1972	22.28	22.18	1.31	26.29	20.27
主营业务收入增长率（$MBRG$）	1972	3.66	4.76	92.68	2083.85	−0.88
年总股数换手率（$Turn$）	1972	4.24	3.76	1.91	12.36	0.48
经营效率（$Asset$）	1972	0.70	0.54	0.87	5.62	0.01
董事会独立性（ID）	1972	0.36	0.35	0.13	0.75	0.29
账市比（BM）	1972	0.78	0.57	0.79	3.80	0.05
市盈率（PE）	1972	−23.82	0.79	357.89	827.37	−3076.91
贝塔系数（$Beta$）	1972	0.88	0.94	0.35	1.58	0.06

表 5-3　国企（地方国企和中央国企）有关变量的描述性统计

Varible	Obs	Mean	Median	Std. Dev	Max	Min
资本成本（R）	2690	0.11	0.12	0.22	0.39	0.01
高管外部薪酬差距（$EECG$）	2690	−0.14	−0.14	0.57	0.38	−0.58
资产负债率（Lev）	2690	0.64	0.49	0.99	0.88	0.01
总资产的对数（$LnSize$）	2690	22.58	22.28	2.04	26.86	18.57
主营业务收入增长率（$MBRG$）	2690	0.76	0.60	2.85	5.69	−0.88
年总股数换手率（$Turn$）	2690	3.90	3.69	1.70	12.75	0
经营效率（$Asset$）	2690	0.57	0.47	0.53	5.68	0.01
董事会独立性（ID）	2690	0.35	0.33	0.14	0.75	0.25
账市比（BM）	2690	0.74	0.63	0.46	3.68	0.09
市盈率（PE）	2690	48.56	36.80	363.72	5603.77	0.21
贝塔系数（$Beta$）	2690	0.97	1.07	0.38	1.68	0.029

由表 5.2 和表 5.3 可知，民企的资本成本均值略低于国企的资本成本均值，这与国企受到较严厉的薪酬管制和在职消费抑制，导致高管工作质量下降，投资者投资风险评估上升，资本成本上升有关。高管外部薪酬差距的均值，国企的数值较大幅度地低于民企的数值，这与国企高管受到越来越严厉的薪酬管制有关。资本成本的中位数，民企的数值略高于国企，国企和民企的数值均不高，国企为 0.115062，民企为 0.103791；这个结果与均值的结果一致。高管外部薪酬差距的中位数，民企的值较大幅度地高于国企的值，说明对国企的薪酬管制力度较大，而民企由于没有薪酬管制，使得民企的值高于国企的值。民企和国企的资本成本中位数皆低于均值，说明大部分的企业其资本成本的数值皆低于平均水平。民企和国企高管的外部薪酬差距的中位数皆低于均值，说明大部分的企业其高管外部薪酬差距的数值皆低于平均水平。资本成本的标准差，民企的数值较国企的数值略大，离散程度略高，说明民企的投资风险变动幅度略大。高管外部薪酬差距的标准差，民企的数值较国企的数值略大，离散程度略高，说明国有企业高管受到越来越严厉的薪酬管制，导致国企高管外部薪酬差距被控制在一定范围之内，导致其较民企略小的离散程度。高管外部薪酬差距的数值，民企的最大值比国企的最大值大，最小值也比国企的最小值大，最大值和最小值较为一致地表现出国企高管薪酬受到管制的结果。

第四节　变量的相关性分析

为了避免出现严重的多重共线性，在回归之前需要对变量的相关系数进行检验，本书采用 pearson 检验，分析各变量之间是否存在严重的多重共线性。由表中数据可知，表 5-6 各相关系数都小于 0.60，表 5-7 各相关系数都小于 0.55。根据 Ho 和 Wong（2011）的研究，只要相关系数不超过 0.8，就不需要担心自变量间的多重共线性问题[101]。且各主要变量 VIF 值均小于 10，不存在严重的多重共线性问题，不会影响各变量的参数估计，可以进行进一步的多元回归分析。

表 5-4　民企样本各变量相关系数表

	R	EECG	Lev	Lnsize	MBRG	Turn	Asset	Dual	ID	BM	PE	Beta	EECG²
R	1.00												
EECG	−0.02	1.00											
Lev	0.18	0.073	1.00										
Lnsize	−0.03	0.23	0.39	1.00									
MBRG	−0.10	0.07	−0.29	0.36	1.00								
Turn	0.03	−0.20	0.10	−0.28	0.08	1.00							
Asset	−0.06	0.18	0.04	0.29	0.06	−0.19	1.00						
Dual	0.20	−0.08	0.18	−0.28	−0.13	−0.20	−0.19	1.00					
ID	−0.3	−0.09	−0.07	0.09	−0.16	0.04	−0.13	0.11	1.00				
BM	0.40	0.08	0.06	0.07	0.34	0.19	−0.30	−0.57	−0.19	1.00			
PE	−0.29	0.17	0.07	0.02	0.30	−0.07	0.56	−0.34	0.02	0.07	1.00		
Beta	0.29	0.20	0.08	−0.08	−0.01	0.21	−0.39	−0.08	−0.09	0.58	0.07	1.00	
EECG²	0.20	−0.49	0.47	0.57	0.27	0.34	−0.07	−0.19	−0.78	0.19	0.07	0.17	1.00

表 5-5　国企样本各变量相关系数表

	R	EECG	Lev	Lnsize	MBRG	Turn	Asset	Dual	ID	BM	PE	Beta	EECG²
R	1.00												
EECG	−0.18	1.00											
Lev	0.19	0.38	1.00										
Lnsize	−0.23	−0.15	0.30	1.00									
MBRG	−0.20	−0.34	0.12	0.03	1.00								
Turn	−0.18	0.04	−0.27	−0.30	−0.15	1.00							
Asset	−0.14	−0.19	0.16	−0.27	−0.09	−0.18	1.00						
Dual	0.16	0.39	0.15	0.38	−0.29	−0.01	0.01	1.00					
ID	−0.19	−0.53	0.39	0.11	0.08	0.25	−0.09	0.29	1.00				
BM	0.38	0.52	−0.09	0.11	−0.03	−0.06	−0.17	0.19	0.45	1.00			
PE	−0.17	−0.49	0.19	−0.13	0.01	−0.19	0.01	0.01	0.078	−0.37	1.00		
Beta	0.38	0.52	0.23	−0.09	0.19	0.45	0.19	−0.12	0.20	−0.50	−0.03	1.00	
EECG²	0.29	0.01	−0.46	0.02	0.12	−0.09	−0.46	0.11	−0.06	0.20	−0.04	0.04	1.00

表 5-6 民企和国企各主要变量方差膨胀因子

变量	民企 VIF	民企 1/VIF	国企 VIF	国企 1/VIF
EECG	1.06	0.94	1.99	0.50
Lev	1.89	0.53	1.72	0.58
Lnsize	2.17	0.46	2.31	0.44
MBRG	1.99	0.50	1.57	0.64
Turn	1.28	0.78	2.18	0.46
Asset	2.67	0.37	1.95	0.51
Dual	1.83	0.55	1.52	0.66
ID	1.79	0.56	1.53	0.65
BM	2.31	0.43	1.13	0.88
PE	1.18	0.85	1.76	0.57
Beta	2.29	0.44	1.27	0.79
$EECG^2$	1.63	0.61	1.55	0.65

第五节　实证检验结果及分析

一、回归结果

本章首先检验了 2009 年至 2016 年民企资本成本与高管外部薪酬差距的相关关系，并验证了 2009 年至 2016 年国企资本成本与高管外部薪酬差距的相关关系，实证结果见表 5-7，回归模型皆通过了 F 检验，且模型不存在严重的多重共线性。为了消除组间异 方差，本书在回归方程后加 Robust 命令。2009 年至 2016 年民企回归结果表明，资本成本在与高管外部薪酬差距的二次项在 99% 的置信水平上呈显著正相关，即资本成本与高管外部薪酬差距呈 U 型相关关系，假设 1a 得以验证。2009—2016 年国企回归结果表明，资本成本在与高管外部薪酬差距的二次项在 99% 的置信水平上呈显著正相关，即资本成本与高管外部薪酬差距呈 U 型相关关系，假设 1b 得以验证。实证回归结果表明当高管薪酬未低于高管根据与同行业相似公司的高管的薪酬进行比较而期望的薪酬时，根据公平理论，高管的薪酬将使高管产生满意的心理，且随着高管薪酬的降低，代理成本降低，投资者财富遭到损失的风险降低，资本成本降低。当高管薪酬低于高管根据与同行业相似公司的高管的薪酬进行比较而期望的薪酬时，随着高管薪酬的进一步降低，高管的不公平心理产生，高管的工作积极性受到负面影响，工作质量降低，资本成本增加。这与假设的理论分析一致，民企与国企一样，其高管外部薪酬差距与资本成本都呈 U 型相关关系。

表 5-7　民企和国企 2009-2016 年回归结果

Varibles	民企估计系数	民企 t 值	国企估计系数	国企 t 值
$EECG$	−0.01	−3.87	−0.01	−4.26
Lev	0.01	9.63	0.09	7.27
$LnSize$	−0.01	−3.36	−0.01	−3.69
$MBRG$	−0.09	−5.79	−0.10	−3.83
$Turn$	−0.09	−1.69	−0.03	−1.76
$Asset$	−0.08	−1.79	−0.05	−5.31
$Dual$	0.08	0.322	0.02	3.72
ID	0.08	2.78	−0.04	−0.27
BM	0.15	8.91	0.03	1.87
PE	−0.01	−1.69	−0.01	−5.72
$Beta$	0.06	1.72	0.156	9.29
$EECG^2$	0.36	6.38	0.35	6.03
$Year$	控制		控制	
$Indu$	控制		控制	
$Constant$	0.78	5.18	0.46	5.06
F值	16.33		33.85	
$Adj\text{-}R^2$	19.71	29.14		
样本量	1972		2690	

二、稳健性检验

（一）以 CAPM 模型替代 GLS/OJ/PEG 模型的稳健性检验

本书通过替换资本成本估算模型的方法来进行稳健性检验，以 CAPM 模型替代 GLS/OJ/PEG 模型，对民企高管的外部薪酬差距与资本成本的相关性进行稳健性检验，表 5-8 列示了稳健性检验的结果。为了消除组间异方差，本书在回归方程后加 Robust 命令。从稳健性检验结果来看，稳健性检验的结果与之前的回归结果具有较强的一致性。民企和国企高管外部薪酬差距二次项在 99% 的置信水平上与资本成本呈显著正相关，呈 U 型相关。假设 1a 和 1b 稳健性检验得到验证。

表 5-8　民企和国企稳健性检验

Varibles	民企估计系数	民企 t 值	国企估计系数	国企 t 值
$EECG$	−0.01	−5.02	−0.01	−3.91
Lev	0.11	4.87	0.08	6.18
$LnSize$	−0.01	−4.33	−0.01	−5.35
$MBRG$	−0.88	−6.38	−0.42	−2.18
$Turn$	−0.02	−3.17	−0.02	−2.13
$Asset$	−0.06	−2.13	0.06	7.13
$Dual$	0.07	−0.75	0.03	3.76
ID	0.09	2.31	−0.08	−1.79
BM	0.09	2.09	−0.88	−2.18
PE	−0.01	−1.81	0.01	2.33
$Beta$	0.03	6.15	0.03	13.28
$EECG^2$	0.81	3.77	0.55	9.16
$Year$	控制		控制	
$Indu$	控制		控制	
$Constant$	0.58	3.76	0.42	8.19
F 值	21.68		27.11	
$Adj\text{-}R^2$	30.17		29.16	
样本量	2908		4002	

（二）将董事前三位薪酬总额代替高管前三位薪酬总额的稳健性检验

本书借鉴张丽平、杨兴全（2013），王浩、向显湖、尹飘扬（2015）的做法，通过将董事前三位薪酬总额代替高管前三位薪酬总额的方法来进行稳健性检验，对民企和国企高管的外部薪酬差距与资本成本的相关性进行稳健性检验，表 5-9 列示了稳健性检验的结果[138, 139]。为了消除组间异方差，本书在回归方程后加 Robust 命令。从稳健性检验结果来看，稳健性检验的结果与之前的回归结果具有较强的一致性。高管外部薪酬差距二次项在 99%的置信水平上与资本成本呈显著正相关，呈 U 型相关。假设 1a 和 1b 稳健性检验得到验证。

表 5-9　民企和国企稳健性检验

Varibles	民企估计系数	民企 t 值	国企估计系数	国企 t 值
EECG	−0.01	−9.11	−0.01	−11.26
Lev	0.32	6.19	0.29	5.57
LnSize	−0.02	−3.82	−0.07	−3.99
MBRG	−0.89	−5.16	−0.18	−2.08
Turn	−0.28	−2.31	−0.09	−2.39
Asset	−0.08	−2.09	0.08	6.17
Dual	0.82	1.03	0.58	3.82
ID	0.01	2.27	−0.01	−1.85
BM	0.79	2.31	−0.56	−2.53
PE	−0.01	−1.86	0.01	1.83
Beta	0.01	7.12	0.01	9.97
$EECG^2$	0.27	8.36	0.27	13.23
Year	控制		控制	
Indu	控制		控制	
Constant	0.67	2.41	0.79	3.68
F 值	21.39		33.18	
Adj-R^2	23.28		37.15	
样本量	1963		2667	

第六节　本章小结

本章分析了 2009 年至 2016 年间，民企和国企高管外部薪酬差距的资本成本总效应。通过实证检验，发现民企和国企高管的外部薪酬差距与资本成本皆呈 U 型相关。当薪酬管制导致高管薪酬降低时，但未低于高管根据与同行业相似公司的高管的薪酬进行比较而期望的薪酬时，根据公平理论，高管薪酬将使高管产生满意的心理，保持较高的工作积极性，继而保证较高的管理水平，资本成本也处于较低水平；随着高管薪酬的降低，代理成本降低，而高管管理水平可能较高，投资者付出成本得以收回的风险降低，投资者财富受损的风险降低，资本成本降低。随着高管薪酬的进一步降低，低于高管根据与同行业相似公司的高管的薪酬进行比较而期望的薪酬时，高管将产生不公平的心理，工作积极性下降，管理质量可能下降，资本成本提高。由此可得国企高管的外部薪酬差距与资本成本呈 U 型相关关系。反之，对 U 型关系的解释也是成立的。当外部薪酬差距逐渐增加时，高管的工作积极性也逐渐提高，管理水平逐渐提高，投资者对其投资的风险评价降低，资本成本降低；当高管外部薪酬差距增加到一定程度，高管外部薪酬差距对高管的工作积极性产生的边际效应降低，管理水平提高有限，而此时代理成本上升，投资者付出成本得以回收的风险增大，投资者财富受损的总风险上升，资本成本开始增加。因此，对高管的薪酬激励应该把握适当的分寸，尽可能寻求高管外部薪酬差距与资本成本 U 型关系的最低点，来达到最小化资本成本的目的。另外，根据极值点的公式 $x=b/-2a$ 可知拐点为正数，说明外部薪酬差距高于某个正数时，资本成本开始增加。通过更换股权资本成本估算模型 GLS/PEG/OJ 为 CAPM 模型，以及将董事前三位薪酬总额代替高管前三位薪酬总额，进行稳健性检验，以上结论通过了稳健性检验。

第六章　调节效应：在职消费、高管外部薪酬差距与资本成本

第一节　问题的提出

货币薪酬是高管最重要的工作报酬之一，它对于保证高管工作积极性有重要的作用。高管不仅关心自己所获货币薪酬的绝对金额，还关心所获货币薪酬的相对金额，相对金额能通过高管外部薪酬差距体现出来。通过了解高管外部薪酬差距的大小，高管评价自己的努力和才能获得的与其他相似职位的人相比额外的货币薪酬的多少，继而产生公平与否的心理，从而对其工作积极性产生影响，最终对资本成本产生影响。

在职消费作为另一种工作回报形式，对货币薪酬起到补偿的作用。在企业的生产经营活动中，在职消费是其中一项必需的费用，高管的权威从某种程度上从在职消费中得到体现。在国企的在职消费受到严厉抑制以前的一段时间内，在我国国有企业中，在职消费的数额远远大于高管可获得的货币薪酬的金额。对于在职消费的作用，有一种观点是效率观。效率观则认为在职消费能促进高管勤奋工作，使高管的工作效率得以提高，具有较好的激励效应，是公司正常经营需要支出的成本。当高管对所获的货币薪酬不满意的时候，在职消费将作为一种事后调整机制对高管产生激励效应。由于货币薪酬相关的显性契约一旦制定以后，再次进行调整将引起社会的关注，因此，调整将产生较大的阻力和成本。而在职消费受到大力度抑制以前，公司能较为容易地更改高管的在职消费额度，灵活地选择不同的方式实现对高管的激励，因此，在职消费可被视为一种补偿性质的激励机制。它可以提高高管的工作舒适度，促进高管提高工作效率，激励高管为实现股东财富增加做出努力。

一旦高管对货币薪酬产生不满意的心理，就能随时随地通过在职消费进行补偿激励。那么，在在职消费大力度抑制以前，也就是在职消费的补偿激励力度较大时，不断增长的在职消费对于高管外部薪酬差距的资本成本效应产生怎样的影响有待进一步研究。

还有一种观点是在职消费的代理观。代理观认为在职消费是代理成本的一种，在许多国企中基本处于失控状态，已经成为一笔庞大的高管的隐性收入。在职消费是代理成本的一种，它的存在将侵害股东利益。国企高管的控制权有利于公司经营目标的实现，但过度的控制权将导致过度的在职消费，继而滋生腐败。在我国的垄断企业中，在职消费的随意性更强（陈冬华、陈信元、万华林，2005）[1]。国有企业所有者缺位的特殊性使得股东缺乏动力或能力对高管的行为进行监督，通常情况下，国企高管获得较低的货币薪酬，但是享用很高金额的在职消费。高管货币性薪酬增加的同时，在职消费为代表的控制权薪酬也不断增长。国企高管的在职消费不仅消耗了大量的国企资源，而且弱化了高管薪酬契约的激励效用。更进一步的是，国企高管的在职消费还可能为政府官员提供滋养的温床，成为导致政府官员腐败的微观基础。因此，国企高管享用过度在职消费成为社会广泛诟病的行为。

基于在职消费过度享用的情况，2012年12月中央颁布了"八项规定"和"六项禁令"，以文件的形式开始约束国企高管的在职消费。2014年8月29日，中共中央政治局会议审议通过了《关于合理确定并严格规范中央企业负责人履职待遇、业务支出的意见》文件，开始大力度地约束国企高管，尤其是央企高管的在职消费。那么，大力度的在职消费抑制之下，在职消费能否作为一个调节变量，对于高管外部薪酬差距的资本成本效应产生影响也有待进一步研究。

第二节　理论分析与假设的提出

2012年12月政府颁布的"八项规定"和"六项禁令"以及2014年8月29日政府颁布的两个控制中央国企在职消费的文件较大力度地对国企，尤其是中央国企的在职消费实行了较为严厉的控制。2013年以前，地方国企和中央国企的在职消费显著高于民企的在职消费，且呈波动上升趋势。其中，地方国企的在职消费均值为81 574 103.92元，中央国企的在职消费均值为97 847 422.22元，民企的在职消费均值为54 728 665.28元。地方国企在职消费高于民企的在职消费的比率为49.05%，中央国企在职消费高于民企的在职消费的比率为78.79%。2013年以后，地方国企和中央国企的在职消费显著低于民企的在职消费，且呈下降趋势；其中，地方国企的在职消费均值为40 577 235.34元，中央国企的在职消费均值为50 591 592.88元，民企的在职消费均值为74 080 634.58元。民企高于地方国企在职消费的比率为82.57%，民企高于中央国企在职消费的比率为47.89%。中央国企的在职消费较地方国企的在职消费下降得更快，说明政府出台的抑制国企尤其是中央国企在职消费的文件发挥了明显的作用。

孙凤娥，苏宁，温晓菲（2017）的研究表明由于民企高管的工作回报主要是显性的薪酬，其隐性福利较低，对于在职消费，民企高管往往将之视为"意外之财"，因此，不会为"意之财"付出与国企高管相比对等的心力，在职消费对货币薪酬激励效应的弥补不明显[140]。李焰，秦义虎，黄继承（2010）认为由于民企高管的薪酬更加市场化，货币薪酬的高低基本能够体现出高管应获得的薪酬，这就弱化了高管以在职消费弥补货币薪酬偏低的动机[141]。较多的货币薪酬降低了民企高管对在职消费的依赖性，使在职消费的激励效应在一定程度上受到抑制。另外，民企相对于国企来说，其产权比较清晰，企业所有者对高管的监督力度更大，特别是很多民企的所有者与管理者是合一的，这就使得高管的在职消费行为在一定程度上受到限制。因此，在民企中，在职消费对货币薪酬激励效应的弥补不明显。自2012年以来，关于抑制在职消费的文件都是针对国企高管的，民企的在职消费并没有较大的变化，2013—2016年的均值相对于2009—2013年的均值只增长了35.36%。民企的在职消费相对于2013年以前的地方国企和中央国企的在职消费较低，而相对于2013年以后地方国企和中央国企的在职消费的较高，处于适中的位置。在较为适中的在职消费的情况下，民企不会由于较多的在职消费弥补高管外部薪酬差距的不足，导致高管对外部薪酬差距的敏感性降低，从而使得高管外部薪酬差距对高管的积极性继而对高管的工作质量的影响效应减弱。由于高管工作质量的高低影响了投资者对其投资风险评价的高低，继而影响资本成本的高低。因此，民企不会由于较多的在职消费导致高管外部薪酬差距与资本成本的相关性减弱。反之，由于较少的在职消费导致高管对外部薪酬差距的敏感性增强，从而使得高管外部薪酬差距对高管的积极性继而对高管的工作质量的影响效应增强，由于高管工作质量的高低影响了投资者对其投资的风险评价的高低，继而影响资本成本的高低。因此，民企不会由于较少的在职消费导致高管外部薪酬差距与资本成本的相关性增强。由此可知，在职消费对于民企高管外部薪酬差距与资本成本之间的相关关系的影响不明显。

2013 年以前，针对高管受到抑制的货币薪酬，地方国企和中央国企的高管能通过高额的在职消费予以弥补，高管的工作积极性不会由于高管外部薪酬差距的缩小而发生较大变动。此时，高管对货币薪酬的敏感性降低。由于在职消费的弥补，高管的工作质量受到货币薪酬的影响较小，当正向的高管外部薪酬差距缩小，或负向的高管外部薪酬差距扩大时，高管的工作质量不会由此明显降低，投资者对其投资的风险评价不会明显提高，由此而对资本成本产生的影响较小。因此，此时高额的在职消费将削弱高管外部薪酬差距与资本成本之间的相关关系。2013 年以后，地方国企和中央国企高管的在职消费受到明显的抑制，针对同时受到抑制的高管薪酬，高管无法寻找弥补的途径，政治晋升也由于薪酬和在职消费受到的抑制，而使各项收入减少失去吸引力。高管的收益主要来自货币薪酬，高管对货币薪酬的敏感性将增强。此时，如果正向的高管外部薪酬差距缩小或负向的高管外部薪酬差距扩大，由于缺少在职消费的弥补，高管外部薪酬差距的不利变化相对于在职消费受到抑制前，将对高管的工作积极性，继而对高管的工作质量产生更大的不利影响，继而使得投资者对其投资的风险评价更高，导致资本成本更大程度地提高。因此，此时受到严厉抑制的在职消费将增强高管外部薪酬差距与资本成本的相关关系。虽然根据第三章对高管外部薪酬差距的统计可以发现，中央国企的高管外部薪酬差距相较于地方国企来说，逐年下降的幅度更大、速度更快，但是高管外部薪酬差距对资本成本的影响原理并不因高管外部薪酬差距的值的大小发生变化，因此中央国企和地方国企高管外部薪酬差距的资本成本影响机理是一样的。因此，实证研究中不将中央国企和地方国企分开进行检验，而是统一作为国企进行实证研究。

因此，提出假设：

假设 1a：2013 年以前，在职消费对于民企高管外部薪酬差距与资本成本的相关性影响不显著。

假设 1b：2013 年以后，在职消费对于民企高管外部薪酬差距与资本成本的相关性影响不显著。

假设 1c：2013 年以前，在职消费将削弱国企高管外部薪酬差距与资本成本的相关关系。

假设 1d：2013 年以后，在职消费将增强国企高管外部薪酬差距与资本成本的相关关系。

第三节　模型设定与变量选择

一、样本与数据来源

本章实证研究中的数据主要来自 CSMAR 中国股票市场交易数据库、Resset 数据库和万德数据库。剔除了金融、保险业样本、数据缺失样本和数据极端异常样本，最终得到民企 2009 年至 2012 年 321 个观测值，2013 年至 2016 年 524 个观测值，国企 2009 年至 2012 年的 497 个观测值和国企 2013 年至 2016 年的 655 个观测值。

二、模型设定

对于假设 1a、1b、1c 和 1d，本章构造模型如下：

$$R = \alpha + \beta_1 EECG_t + \beta_2 EECG_t^2 + \beta_3 EECG_t \times LnPC_t + \beta_4 EECG_t^2 \times LnPC_t + \beta_5 LnPC_t + \beta_6 Lev_t + \beta_7 LnSize_t$$
$$+ \beta_8 MBRG_t + \beta_9 Turn_t + \beta_{10} Asset_t + \beta_{11} Dual_t + \beta_{12} ID_t + \beta_{13} BM_t + \beta_{14} PE_t + \beta_{15} Beta_t + \beta_{16} Year_t + \beta_{17} Indu_t + \varepsilon$$

（式 6-1）

其中，α 为常数项，ε 为残差，β_1 至 β_{15} 为各变量的系数，其值为正，且显著，说明该变量与资本成本呈正相关关系；反之，则呈负相关关系。

三、变量定义

该模型的变量除了在职消费变量以外，其他的变量都与第五章一样，在这里不再赘述。在职消费的数据来自新浪财经网的公司年报中"支付的其他与经营活动有关的现金流量"项目中通信费、出国培训费、董事会费、差旅费、办公费、业务招待费、小车费和会议费八类费用的明细加总。这些项目容易成为高管人员个人支出的报销费用，成为高管获得职务好处的来源，并将这些费用记作公司费用（陈冬华，陈信元，万华林，2005）[1]。在职消费将作为调节变量影响高管外部薪酬差距与资本成本之间的相关关系。因此，参考杜兴强的做法（2017），将调节变量与高管外部薪酬差距一次项进行交乘，将调节变量与高管外部薪酬差距二次项进行交乘来评价在职消费的调节效应[142]。

表 6-1　变量说明

变量性质与变量代码		详细说明
被解释变量	R	资本成本
解释变量	EECG	根据薪酬决定模型计算的残差与行业平均残差相减
调节变量 控制变量与 虚拟变量	LnPC	在职消费的对数
		财务特征
	Lev	资产负债率=总负债/总资产
	LnSize	总资产的对数
	MBRG	主营业务收入增长率=（主营业务收入-上年主营业务收入）/上年主营业务收入
	Turn	年总股数换手率
	Asset	经营效率=营业收入/总资产
	BM	账市比=公司股票的每股账面价值/每股市价
	PE	市盈率=每股股价/每股收益
	Beta	贝塔系数
		董事会特征
	Dual	两职合一，董事长兼任总经理取 1，否则取 0

变量性质与变量代码		详细说明
	ID	董事会独立性=独立董事人数/董事会总人数
	Year	年度变量，虚拟变量，当年为1，否则为0
	Indu	行业变量，虚拟变量，根据证监会《上市公司行业分类指引（2015年修订）》将行业共分为13类，剔除金融业后为12个虚拟变量，当公司处于某一行业时，该行业哑变量取1，否则为0

四、主要变量的描述性统计

本章回归分析模型中变量的描述性统计见表6-2、表6-3、表6-4和表6-5。考虑到极端值的影响，本章对模型中的数据在1%和99%的水平上进行winsorize处理。

表6-2 2009—2012年民企有关变量描述性统计

Varible	Obs	Mean	Median	Std. Dev	Max	Min
资本成本（*R*）	321	0.11	0.10	0.07	0.20	0.06
高管外部薪酬差距（*EECG*）	321	0.02	0.01	0.77	0.59	−0.30
在职消费（*LnPC*）	321	17.55	17.56	0.17	17.89	17.50
资产负债率（*Lev*）	321	0.50	0.52	0.96	0.89	0.09
总资产的对数（*LnSize*）	321	22.53	22.78	1.07	25.70	20.32
主营业务收入增长率（*MBRG*）	321	6.90	0.56	117.89	2073.01	−0.38
年总股数换手率（*Turn*）	321	4.96	3.91	1.88	7.90	0.59
经营效率（*Asset*）	321	0.83	0.79	0.81	5.53	0.01
账市比（*BM*）	321	1.20	0.47	1.37	3.70	0.05
市盈率（*PE*）	321	−13.77	26.32	525.19	821.00	−3059.73
董事会独立性（*ID*）	321	0.34	0.33	0.12	0.75	0.29
贝塔系数（*Beta*）	321	0.71	0.73	0.10	1.53	0.06

表6-3 2009—2012年国企有关变量（地方国企和中央国企）描述性统计

Varible	Obs	Mean	Median	Std. Dev	Max	Min
资本成本（*R*）	497	0.09	0.09	0.07	0.20	0.03
高管外部薪酬差距（*EECG*）	497	−0.01	−0.02	0.56	0.28	−0.28
在职消费（*LnPC*）	497	19.34	19.13	0.19	19.94	18.34
资产负债率（*Lev*）	497	0.56	0.58	0.96	0.80	0.09

Varible	Obs	Mean	Median	Std. Dev	Max	Min
总资产的对数（*LnSize*）	497	22.77	22.31	1.19	26.31	20.08
主营业务收入增长率（*MBRG*）	497	0.73	0.73	0.19	1.38	0.09
年总股数换手率（*Turn*）	497	4.02	3.96	1.90	8.03	0.74
经营效率（*Asset*）	497	0.58	0.51	0.89	5.33	0.09
账市比（*BM*）	497	0.70	0.69	0.32	1.31	0.09
市盈率（*PE*）	497	37.69	25.33	278.40	822.09	0.59
董事会独立性（*ID*）	497	0.34	0.33	0.17	0.75	0.25
贝塔系数（*Beta*）	497	1.04	1.02	0.86	1.53	0.33

民企资本成本均值为 0.106873，国企资本成本均值为 0.09027，民企资本成本均值略高于国企的均值，反映出投资者对国企要求的较低的报酬率。一方面，国企一般规模较大，受政府支持较多，抗风险能力强；另一方面，国企高管虽然受到薪酬管制，但是可以通过在职消费予以弥补，对高管的工作积极性产生正面的影响，因此，国企的资本成本低于民企的资本成本。高管外部薪酬差距的均值民企为 0.015201，国企为 -0.0131，民企数值高于国企数值，在一定程度上说明了国企高管薪酬因为受到管制而导致为负数的薪酬差距。在职消费的均值民企为 17.55028，国企为 19.337，国企数值高于民企数值，说明国企高管享受到较民企高管更高的在职消费。

资本成本的中位数，民企为 0.100596，国企为 0.09003，民企的数值略高于国企的数值，与均值情况相同。高管外部薪酬差距的中位数，民企的数值为 0.013291，国企的数值为 -0.0172，民企数值高于国企数值，体现出国企高管受到薪酬管制的事实。在职消费的中位数，民企的数值为 17.56183，国企的数值为 19.1287，国企数值大于民企，体现出国企高管享受到的较高的在职消费。民企资本成本的中位数高于均值，说明大部分的企业资本成本的数额高于均值。国企资本成本的中位数低于均值，说明大部分的企业资本成本数额低于均值。民企和国企的在职消费的中位数皆小于均值，说明大部分国企和民企的在职消费皆小于均值。

高管的外部薪酬差距，民企的最大值为 0.58631，国企最大值为 0.27892，国企的数值低于民企，且国企的均值也小于民企的数值，说明国企高管受到了较为严厉的薪酬管制。在职消费的最大值，民企数值的为 17.8891，国企的数值为 19.9372，国企的最大值大于民企的值，且国企的均值也大于民企的均值，说明国企高管享受到的较高的在职消费。

高管外部薪酬差距的最小值，民企的数值为 - 0.30119，国企的数值为 - 0.27815，民企的数值大于国企的数值，且民企的均值也大于国企，说明国企受到较强的薪酬管制。在职消费最小值，民企的数值为 17.5002，国企的数值为 18.33751，国企的数值大于民企的数值，且国企的均值也大于民企，说明国企高管享受到较高的在职消费。

表 6-4　2013—2016 年民企有关变量的描述性统计

Varible	Obs	Mean	Median	Std. Dev	Max	Min
资本成本（R）	524	0.10	0.11	0.07	0.19	0.06
高管外部薪酬差距（EECG）	524	0.11	0.10	0.63	0.67	−0.08
在职消费（LnPC）	524	17.737	17.66	0.18	18.18	17.57
资产负债率（Lev）	524	0.487	0.51	0.19	0.89	0.09
总资产的对数（LnSize）	524	22.027	22.28	1.01	26.27	21.08
主营业务收入增长率（MBRG）	524	0.96	0.57	5.71	12.79	−0.22
年总股数换手率（Turn）	524	4.387	3.88	1.89	7.93	0.52
经营效率（Asset）	524	0.58	0.63	0.81	5.53	0.01
账市比（BM）	524	0.58	0.397	1.13	3.61	0.07
市盈率（PE）	524	−35.687	23.567	512.88	826.39	−3068.11
董事会独立性（ID）	524	0.39	0.337	0.19	0.75	0.29
贝塔系数（Beta）	524	0.897	0.92	0.57	1.52	0.07

表 6-5　2013—2016 年国企有关变量（地方国企和中央国企）描述性统计

Varible	Obs	Mean	Median	Std. Dev	Max	Min
资本成本（R）	655	0.12	0.12	0.08	0.19	0.03
高管外部薪酬差距（EECG）	655	−0.09	−0.10	0.73	0.29	−0.46
在职消费（LnPC）	655	16.25	16.19	0.18	16.67	15.91
资产负债率（Lev）	655	0.66	0.56	0.55	0.81	0.12
总资产的对数（LnSize）	655	22.73	22.63	1.33	26.35	21.02
主营业务收入增长率（MBRG）	655	0.76	0.77	0.19	0.91	0.07

Varible	Obs	Mean	Median	Std. Dev	Max	Min
年总股数换手率（*Turn*）	655	3.98	3.82	1.96	7.08	0.37
经营效率（*Asset*）	655	0.52	0.48	1.53	5.32	0.08
账市比（*BM*）	655	0.76	0.78	0.66	1.45	0.10
市盈率（*PE*）	655	59.13	53.67	271.26	828.06	0.28
董事会独立性（*ID*）	655	0.34	0.33	0.11	0.75	0.25
贝塔系数（*Beta*）	655	1.01	1.14	0.93	1.48	0.26

民企资本成本均值为 0.09546，国企资本成本均值为 0.116712，民企资本成本均值略低于国企，反映出投资者对民企要求的较低的报酬率，而国企由于薪酬管制和在职消费抑制导致高管工作质量下降，投资者对企业的投资风险评估增高，因而资本成本略高。高管外部薪酬差距的均值民企为 0.105931，国企为 - 0.09011，民企数值高于国企，在一定程度上体现了国企高管薪酬受到明显管制而导致薪酬差距为负数，且数值较小。在职消费的均值民企为 17.7319，国企为 16.2581，初步体现出国企在职消费受到明显抑制而小于民企的现状。

资本成本的中位数，国企的数值略高于民企的数值，与均值情况相同。高管外部薪酬差距的中位数，民企的数值为 0.10387，国企的数值为 - 0.09672，民企数值高于国企数值，体现出国企高管受到薪酬管制的事实。在职消费的中位数，民企的数值为 17.6552，国企的数值为 16.1874，国企数值小于民企，体现出国企受到抑制而较小的在职消费。民企和国企的资本成本的中位数皆高于均值，说明大部分的企业资本成本的数额高于均值。民企和国企的高管外部薪酬差距的中位数皆小于均值，说明大部分企业的高管外部薪酬差距皆小于均值。民企和国企的在职消费的中位数皆小于均值，说明大部分国企和民企的在职消费皆小于均值。

高管外部薪酬差距的标准差，民企为 0.63365，国企为 0.73206，国企标准差数额较小，说明国企企业间的高管外部薪酬差距差别较民企的小。在职消费的标准差，民企为 0.18372，国企为 0.17893，说明国企企业间的在职消费差别较民企的小，体现出国企高管较低的在职消费。

高管的外部薪酬差距，民企的最大值为 0.67306，国企最大值为 0.28931，国企的数值大大低于民企，且国企的均值也小于民企的数值，说明国企高管受到较为严厉的薪酬管制。在职消费的最大值，民企的为 18.1835，国企的为 16.6661，民企的最大值大于国企的值，且民企的均值也大于国企的均值，说明国企受到较为严厉的在职消费抑制。

高管外部薪酬差距的最小值，民企的数值为 - 0.08136，国企的数值为 - 0.45633，民企的数值大于国企的数值，且民企的均值也大于国企，说明国企受到较强的薪酬管制。在职消费的最小值，民企的为 17.5721，国企的为 15.9102，民企的数值大于国企的数值，且民企的均值也大于国企，说明国企受到较强的在职消费抑制。

第四节　变量的相关性分析

为了避免出现严重的多重共线性，在回归之前需要对变量的相关系数进行检验，本书采用 pearson 检验，分析各变量之间是否存在严重的多重共线性。由表中数据可知，表 6-6 各相关系数都小于 0.6，表 6-7 各相关系数都小于 0.6，表 6-8 各相关系数都小于 0.6，表 6-9 各相关系数都小于 0.6。根据 Ho 和 Wong（2011）的研究，只要相关系数不超过 0.8，就不需要担心自变量间的多重共线性问题[101]。各主要变量的 VIF 值均小于 10，不存在严重的多重共线性问题，不会影响各变量的参数估计，可以进行进一步的多元回归分析。

表 6-6　2009—2012 年民企样本各变量相关系数表

	R	$EECG$	$LnPC$	Lev	$Lnsize$	$MBRG$	$Turn$	$Asset$	$Dual$	ID	BM	PE	$Beta$	$EECG^2$	$EECG \times LnPC$	$EECG^2 \times LnPC$
R	1.00															
$EECG$	−0.07	1.00														
$LnPC$	0.02	0.01	1.00													
Lev	0.27	−0.04	0.56	1.00												
$Lnsize$	−0.36	0.57	−0.07	0.57	1.00											
$MBRG$	−0.29	−0.32	0.08	−0.33	0.56	1.00										
$Turn$	−0.06	−0.23	0.13	0.29	−0.22	0.55	1.00									
$Asset$	−0.08	0.08	0.34	−0.08	−0.10	−0.01	0.12	1.00								

	R	EECG	LnPC	Lev	Lnsize	MBRG	Turn	Asset	Dual	ID	BM	PE	Beta	EECG²	EECG×LnPC	EECG²×LnPC
Dual	0.35	0.01	0.47	0.22	-0.01	0.06	0.01	0.26	1.00							
ID	-0.03	0.52	-0.36	0.56	-0.37	0.10	-0.58	-0.20	0.51	1.00						
BM	0.07	0.27	0.05	-0.18	-0.55	-0.56	-0.57	0.55	0.33	0.32	1.00					
PE	-0.01	0.07	-0.39	0.36	0.52	0.10	0.58	0.11	0.08	-0.53	-0.27	1.00				
Beta	0.03	-0.02	-0.28	-0.52	-0.25	-0.53	0.01	0.34	0.28	0.13	-0.11	-0.10	1.00			
EECG²	0.55	0.37	0.02	0.01	0.08	0.30	-0.36	-0.08	0.28	0.21	0.19	0.23	-0.09	1.00		
EECG×LnPC	0.03	0.19	-0.09	-0.17	0.32	0.01	0.30	-0.37	0.17	0.51	0.01	0.06	0.22	0.13	1.00	
EECG²×LnPC	0.09	0.06	0.34	0.09	0.12	0.05	0.01	0.06	0.11	0.12	0.55	-0.12	0.15	0.57	0.52	1.00

表 6-7 2013 年至 2016 年民企样本各变量相关系数表

	R	EECG	LnPC	Lev	Lnsize	MBRG	Turn	Asset	Dual	ID	BM	PE	Beta	EECG²	EECG×LnPC	EECG²×LnPC
R	1.00															
EECG	-0.27	1.00														
LnPC	0.09	-0.18	1.00													
Lev	0.56	0.32	0.02	1.00												
Lnsize	-0.07	-0.22	-0.11	0.56	1.00											
MBRG	0.13	-0.51	0.17	-0.32	0.51	1.00										
Turn	-0.29	-0.01	0.16	0.01	-0.33	0.53	1.00									
Asset	-0.55	0.57	-0.01	-0.07	-0.14	-0.19	0.56	1.00								
Dual	0.19	0.32	0.08	0.28	-0.09	0.01	-0.26	-0.26	1.00							
ID	-0.57	0.01	-0.03	0.13	0.56	0.19	0.01	0.53	0.11	1.00						
BM	0.56	0.08	0.05	0.58	-0.01	-0.38	-0.38	0.02	0.52	0.17	1.00					
PE	-0.03	0.01	-0.57	0.09	0.02	0.20	0.08	0.36	0.12	-0.11	0.26	1.00				
Beta	0.38	0.13	0.51	-0.32	-0.22	-0.03	-0.51	-0.17	0.20	-0.01	-0.36	-0.29	1.00			
EECG²	0.11	0.32	0.06	0.01	0.10	-0.12	-0.33	-0.27	-0.36	0.16	0.40	0.16	-0.24	1.00		
EECG×LnPC	-0.13	-0.52	0.41	-0.23	-0.37	0.08	0.42	-0.24	0.01	-0.28	0.21	0.28	0.20	0.11	1.00	
EECG²×LnPC	-0.33	0.27	0.38	0.51	0.91	0.13	0.10	0.42	0.36	0.01	0.01	-0.11	0.31	0.03	0.19	1.00

表 6-8 2009—2012 年国企样本各变量相关系数表

	R	EECG	LnPC	Lev	Lnsize	MBRG	Turn	Asset	Dual	ID	BM	PE	Beta	EECG²	EECG×LnPC	EECG²×LnPC
R	1.00															
EECG	−0.32	1.00														
LnPC	0.01	0.12	1.00													
Lev	0.23	0.06	0.02	1.00												
Lnsize	0.28	0.19	−0.30	0.22	1.00											
MBRG	−0.40	0.09	0.08	0.04	0.31	1.00										
Turn	−0.12	−0.11	−0.18	0.01	−0.10	0.23	1.00									
Asset	0.01	0.10	0.02	0.01	0.22	0.58	0.10	1.00								
Dual	0.01	0.23	0.19	0.09	0.13	0.04	0.10	−0.09	1.00							
ID	−0.10	0.14	0.04	0.01	0.01	0.12	0.03	0.01	0.32	1.00						
BM	−0.08	−0.23	0.01	0.33	−0.10	0.32	−0.07	0.04	0.10	−0.20	1.00					
PE	−0.31	0.02	−0.01	−0.12	0.04	−0.10	−0.22	−0.01	0.19	−0.01	−0.02	1.00				
Beta	0.09	−0.13	0.03	0.22	0.01	0.21	0.09	0.22	0.12	0.11	0.01	−0.23	1.00			
EECG²	0.13	0.30	0.35	0.03	0.13	0.06	−0.04	0.04	−0.10	0.04	−0.02	0.01	−0.08	1.00		
EECG×LnPC	−0.06	0.01	−0.12	0.27	0.27	0.08	−0.17	0.19	0.11	0.01	0.12	−0.03	0.01	0.05	1.00	
EECG²×LnPC	−0.32	0.35	0.24	0.19	0.06	−0.19	0.19	0.01	−0.06	0.01	0.01	0.10	−0.11	0.35	0.48	1.00

表 6-9 2013—2016 年国企样本各变量相关系数表

	R	EECG	LnPC	Lev	Lnsize	MBRG	Turn	Asset	Dual	ID	BM	PE	Beta	EECG²	EECG×LnPC	EECG²×LnPC
R	1.00															
EECG	−0.09	1.00														
LnPC	0.23	−0.13	1.00													
Lev	0.27	0.02	0.01	1.00												
Lnsize	−0.06	0.33	−0.24	0.13	1.00											
MBRG	−0.24	0.12	0.11	−0.34	0.01	1.00										
Turn	−0.12	0.60	−0.28	0.39	−0.38	0.34	1.00									
Asset	0.26	−0.34	−0.11	0.01	0.12	0.27	0.33	1.00								
Dual	0.33	0.29	0.11	0.06	−0.26	0.23	−0.04	0.12	1.00							
ID	−0.03	0.17	−0.38	0.01	−0.09	0.12	0.17	−0.36	0.19	1.00						
BM	0.35	−0.20	0.34	0.28	0.34	0.03	−0.09	0.12	0.34	−0.22	1.00					
PE	−0.31	0.01	−0.22	0.01	0.02	0.01	−0.18	−0.45	−0.01	−0.01	0.01	1.00				

	R	EECG	LnPC	Lev	Lnsize	MBRG	Turn	Asset	Dual	ID	BM	PE	Beta	EECG²	EECG × LnPC	EECG² × LnPC
Beta	0.10	0.12	0.47	0.01	0.33	-0.23	0.33	0.14	-0.12	0.08	0.23	-0.37	1.00			
EECG²	0.01	-0.42	0.23	0.36	0.23	0.09	-0.30	0.38	0.09	0.33	-0.28	0.01	-0.12	1.00		
EECG × LnPC	0.16	-0.28	-0.12	0.17	0.37	0.06	0.29	0.35	0.01	0.04	0.38	0.33	0.06	0.34	1.00	
EECG² × LnPC	0.07	0.34	0.26	0.36	-0.39	0.03	-0.27	0.32	-0.26	0.06	0.12	-0.08	-0.22	0.47	0.06	1.00

表 6-10　民企主要变量方差膨胀因子

变量	2009-2012 年　VIF	2009-2012 年　1/VIF	2013-2016 年　VIF	2013-2016　1/VIF
EECG	2.31	0.43	1.32	0.76
LnPC	1.86	0.54	1.89	0.53
Lev	1.38	0.72	1.62	0.62
Lnsize	1.29	0.78	1.08	0.93
MBRG	1.36	0.74	1.22	0.82
Turn	1.77	0.56	1.75	0.57
Asset	1.63	0.61	1.17	0.85
Dual	1.78	0.56	1.63	0.61
ID	1.09	0.92	1.79	0.56
BM	1.39	0.72	1.51	0.66
PE	1.87	0.53	1.53	0.65
Beta	1.52	0.66	1.26	0.79
EECG²	1.46	0.68	1.58	0.63
EECG × LnPC	2.03	0.49	1.02	0.98
EECG² × LnPC	1.93	0.52	1.39	0.72

表 6-11　国企主要变量方差膨胀因子

变量	2009-2012 年　VIF	2009-2012 年　1/VIF	2013-2016 年　VIF	2013-2016 年　1/VIF
EECG	1.93	0.52	1.52	0.66
LnPC	1.67	0.60	1.83	0.55
Lev	1.95	0.51	1.76	0.57
Lnsize	1.05	0.95	1.93	0.52
MBRG	1.74	0.57	2.54	0.39
Turn	2.37	0.42	1.39	0.72

变量	2009~2012 年 VIF	2009~2012 年 1/VIF	2013~2016 年 VIF	2013~2016 年 1/VIF
Asset	1.66	0.60	1.48	0.68
Dual	2.61	0.38	2.17	0.46
ID	1.82	0.55	1.55	0.65
BM	1.09	0.92	1.87	0.53
PE	1.53	0.65	1.63	0.61
Beta	1.81	0.55	1.21	0.83
$EECG^2$	1.36	0.74	1.07	0.93
$EECG \times LnPC$	1.29	0.78	1.02	0.98
$EECG^2 \times LnPC$	1.84	0.54	1.53	0.65

第五节　实证检验结果及分析

一、实证结果

本书检验了 2009—2012 年和 2013—2016 年民企资本成本与高管外部薪酬差距的相关关系，以及 2009—2012 年和 2013—2016 年国企资本成本与高管外部薪酬差距的相关关系，实证结果表 6-12 和表 6-13 回归模型皆通过了 F 检验，且模型不存在严重的多重共线性。为了消除组间异方差，本书在回归方程后加 Robust 命令。2009—2012 年民企回归结果表明，在职消费与高管外部薪酬差距的一次项交乘与资本成本的回归系数大于 0，但不显著；在职消费与高管外部薪酬差距的二次项交乘与资本成本的回归系数大于 0，但不显著，说明在职消费对高管外部薪酬差距与资本成本的关系没有显著影响，假设 1a 得以验证。2013—2016 年民企回归结果表明，在职消费与高管外部薪酬差距的一次项交乘与资本成本的回归系数小于 0，但不显著；在职消费与高管外部薪酬差距的二次项交乘与资本成本回归系数小于 0，但不显著，说明在职消费没有增强高管外部薪酬差距与资本成本的关系，假设 1b 得以验证。

2009—2012 年国企回归结果表明，资本成本与在职消费和高管外部薪酬差距的一次项交乘在 99%的置信水平上负相关，回归系数小于 0，资本成本与在职消费和高管外部薪酬差距的二次项交乘在 99%的置信水平上显著负相关，回归系数小于 0，说明在职消费削弱了高管外部薪酬差距与资本成本的相关关系，假设 1c 得以验证。2013—2016 年国企回归结果表明，资本成本与在职消费和高管外部薪酬差距的一次项交乘在 99%的置信水平上正相关，回归系数大于 0，资本成本与在职消费和高管外部薪酬差距的二次项交乘在 99%的置信水平上显著正相关，回归系数大于 0，说明在职消费增强了高管外部薪酬差距与资本成本的相关关系，假设 1d 得以验证。

表 6-12　民企回归结果

Varibles	2009—2012 年 估计系数	2009—2012 年 t 值	2013—2016 年 估计系数	2013—2016 年 t 值
$EECG$	−0.01	−5.21	−0.01	−2.88
$LnPC$	0.01	1.86	0.01	1.76
Lev	0.07	3.86	0.12	5.01
$LnSize$	−0.01	−2.21	−0.01	−1.91
$MBRG$	−0.06	−8.11	−0.09	−2.55
$Turn$	−0.06	−1.82	−0.02	−3.35
$Asset$	−0.10	−2.35	−0.08	−0.97
$Dual$	0.05	5.17	0.06	3.82
ID	−0.02	−1.75	−0.10	−0.51
BM	0.03	1.98	0.03	7.75
PE	−0.01	−1.99	−0.01	−1.72
$Beta$	0.03	1.87	0.07	5.47
$EECG^2$	0.29	6.73	0.13	4.89
$Year$	控制		控制	
$Indu$	控制		控制	
$EECG \times LnPC$	0.01	0.08	−0.01	−1.61
$EECG^2 \times LnPC$	0.01	0.23	−0.01	−0.36
$Constant$	0.54	6.71	0.44	1.89
F 值	5.3		7.92	
$Adj\text{-}R^2$	18.22		32.71	
样本量	321		524	

表 6-13　国企回归结果

Varibles	2009—2012 年 估计系数	2009—2012 年 t 值	2013—2016 年 估计系数	2013—2016 年 t 值
EECG	−0.01	−1.89	−0.01	−1.68
LnPC	0.01	2.41	0.01	1.25
Lev	0.28	5.58	−0.18	8.13
LnSize	−0.01	−4.02	−0.01	−5.11
MBRG	−0.10	−2.37	−0.03	−2.89
Turn	−0.01	−1.73	−0.01	−1.83
Asset	0.01	0.82	0.01	0.87
Dual	0.01	2.38	0.01	3.95
ID	−0.07	−2.19	−0.06	−2.36
BM	0.35	1.79	0.06	1.79
PE	−0.01	−6.37	−0.01	−6.77
Beta	0.06	2.55	0.02	1.89
$EECG^2$	0.26	1.91	0.34	1.88
Year	控制		控制	
Indu	控制		控制	
$EECG \times LnPC$	−0.01	−3.19	0.01	5.83
$EECG^2 \times LnPC$	−0.01	−2.99	0.01	6.72
Constant	0.64	7.32	0.55	5.37
F 值	11.37		9.26	
$Adj\text{-}R^2$	25.38		31.52	
样本量	497		655	

二、稳健性检验

（一）CAPM 模型替代 GLS/OJ/PEG 估算股权资本成本

本书通过替换资本成本估算模型的方法来进行稳健性检验，以 CAPM 模型的估算值替代 GLS/PEG/OJ 模型的平均值，对民企和国企高管的外部薪酬差距与资本成本的相关性进行稳健性检验，表 6-14 和表 6-15 列示了稳健性检验的结果。为了消除组间异方差，本书在回归方程后加 Robust 命令。从稳健性检验结果来看，稳健性检验的结果与之前的回归结果具有较强的一致性。2009 年至 2012 年民企的回归结果表明：资本成本与在职消费和高管外部薪酬差距的一次项交乘呈正相关，但不显著；资本成本与在职消费和高管外部薪酬差距的二次项交乘呈正相关，但不显著，说明在职消费对高管外部薪酬差距与资本成本的关系没有显著影响，假设 1a 得以验证。2013 年至 2016 年民企的回归结果表明：资本成本与在职消费和高管外部薪酬差距的一次项交乘呈负相关，但不显著；资本成本与在职消费和高管外部薪酬差距的二次项交乘呈负相关，但不显著，说明在职消费没有增强高管外部薪酬差距与资本成本的关系，假设 1b 得以验证。2009 年至 2012 年国企的回归结果表明：资本成本与在职消费和高管外部薪酬差距的一次项交乘在 90% 的置信水平上显著负相关，回归系数小于 0；资本成本与在职消费和高管外部薪酬差距的二次项交乘在 95% 的置信水平上显著负相关，回归系数小于 0，说明在职消费削弱了高管外部薪酬差距与资本成本的关系，假设 1c 得以验证。2013 年至 2016 年国企的回归结果表明：资本成本与在职消费和高管外部薪酬差距的一次项交乘在 95% 的置信水平上显著正相关，回归系数大于 0；资本成本与在职消费和高管外部薪酬差距的二次项交乘在 90% 的置信水平上显著正相关，回归系数大于 0，说明在职消费增强了高管外部薪酬差距与资本成本的关系，假设 1d 得以验证。

表 6-14　民企稳健性检验

Varibles	2009—2012 年 估计系数	2009—2012 年 t 值	2013—2016 年 估计系数	2013—2016 年 t 值
EECG	-0.01	-1.91	-0.01	-8.71
LnPC	-0.01	-2.39	-0.01	-2.18
Lev	0.09	2.56	0.07	5.17
LnSize	-0.01	-2.07	-0.01	-2.33
MBRG	-0.01	-1.88	-0.01	-6.36
Turn	-0.01	-0.33	-0.01	-2.55
Asset	-0.01	-2.31	-0.01	-1.69
Dual	0.021	2.55	0.04	4.92
ID	-0.071	-2.27	-0.04	-0.33

Varibles	2009—2012 年 估计系数	2009—2012 年 t 值	2013—2016 年 估计系数	2013—2016 年 t 值
BM	0.01	2.19	0.01	2.46
PE	−0.01	−1.72	−0.01	7.11
$Beta$	0.041	2.36	0.07	5.28
$EECG^2$	0.221	1.99	0.19	3.89
$Year$	控制		控制	
$Indu$	控制		控制	
$EECG \times LnPC$	0.01	0.25	−0.01	−1.02
$EECG^2 \times LnPC$	0.01	0.78	−0.01	−1.37
$Constant$	0.68	6.79	0.22	5.89
F 值	3.25		8.26	
$Adj-R^2$	14.56		23.16	
样本量	479		691	

表 6-15　国企稳健性检验

Varibles	2009—2012 年 估计系数	2009—2012 年 t 值	2013—2016 年 估计系数	2013—2016 年 t 值
$EECG$	−0.01	−1.71	−0.01	−1.75
$LnPC$	0.01	1.66	0.01	0.27
Lev	0.18	7.11	0.03	2.37
$LnSize$	−0.01	−2.34	−0.01	−5.16
$MBRG$	−0.09	−3.45	−0.06	−6.38
$Turn$	−0.01	−1.92	−0.01	−3.87
$Asset$	0.01	0.78	−0.01	−2.89
$Dual$	0.10	1.93	0.12	1.77
ID	−0.07	−1.87	−0.09	−7.73
BM	0.04	2.35	0.01	2.26
PE	−0.01	−7.74	−0.01	−3.31
$Beta$	0.10	2.12	0.11	11.27
$EECG^2$	0.18	1.69	0.34	6.61
$Year$	控制		控制	
$Indu$	控制		控制	

Varibles	2009—2012 年 估计系数	2009—2012 年 t 值	2013—2016 年 估计系数	2013—2016 年 t 值
$EECG \times LnPC$	-0.01	-1.76	0.01	2.51
$EECG^2 \times LnPC$	-0.01	-2.47	0.01	1.82
Constant	0.68	6.23	0.45	3.91
F 值	18.22		31.52	
$Adj-R^2$	21.37		39.03	
样本量	720		903	

（二）将管理费用代替在职消费的稳健性检验

为了保证在职消费指标的稳健性，本书参考 Luo、Zhang、Zhu（2011）的做法，高管在职消费取自管理费用中扣除了董事、高管以及监事会成员薪酬、计提的坏账准备、存货跌价准备以及当年的无形资产摊销等明显不属于在职消费的项目后的金额[18]。表 6-16、表 6-17 列示了稳健性检验的结果。为了消除组间异方差，本书在回归方程后加 Robust 命令。从稳健性检验结果来看，稳健性检验的结果与之前的回归结果具有较强的一致性。2009年至 2012 年民企的回归结果表明：资本成本与在职消费和高管外部薪酬差距的一次项交乘呈正相关，但不显著；资本成本与在职消费和高管外部薪酬差距的二次项交乘呈正相关，但不显著，说明在职消费对高管外部薪酬差距与资本成本的关系没有显著影响，假设 1a 得以验证。 2013 年至 2016 年民企的回归结果表明：资本成本与在职消费和高管外部薪酬差距的一次项交乘呈负相关，但不显著；资本成本与在职消费和高管外部薪酬差距的二次项交乘呈负相关，但不显著，说明在职消费对高管外部薪酬差距与资本成本的关系没有显著影响，假设 1b 得以验证。2009 年至 2012 年国企的回归结果表明：资本成本与在职消费和高管外部薪酬差距的一次项交乘在 90% 的置信水平上显著负相关，回归回归系数小于 0；资本成本与在职消费和高管外部薪酬差距的二次项交乘在 95% 的置信水平上显著负相关，回归系数小于 0，说明在职消费削弱了高管外部薪酬差距与资本成本的关系，假设 1c 得以验证。2013 年至 2016 年国企的回归结果表明：资本成本与在职消费和高管外部薪酬差距的一次项交乘在 95%的置信水平上显著正相关,回归系数大于 0;资本成本与在职消费和高管外部薪酬差距的二次项交乘在 90%的置信水平上显著正相关,回归系数大于 0,说明在职消费增强了高管外部薪酬差距与资本成本的关系,假设 1d 得以验证。

表 6-16 民企稳健性检验

Varibles	2009—2012 年 估计系数	2009—2012 年 t 值	2013—2016 年 估计系数	2013—2016 年 t 值
$EECG$	−0.01	−3.57	−0.01	−3.41
$LnME$	0.01	0.74	0.01	2.69
Lev	0.07	2.91	0.09	4.52
$LnSize$	−0.01	−2.26	−0.01	−1.73
$MBRG$	−0.01	−3.85	−0.05	−3.58
$Turn$	−0.06	−1.89	−0.04	−4.81
$Asset$	−0.05	−1.71	0.06	0.92
$Dual$	0.04	3.55	0.06	3.98
ID	−0.06	−2.37	−0.04	−2.27
BM	0.04	2.55	0.05	5.99
PE	−0.01	−1.85	−0.01	−2.81
$Beta$	0.04	1.69	0.04	3.18
$EECG^2$	0.09	5.51	0.10	5.52
$Year$	控制		控制	
$Indu$	控制		控制	
$EECG \times LnME$	−0.01	−1.23	0.01	1.21
$EECG^2 \times LnME$	−0.01	−1.48	0.01	0.08
$Constant$	0.69	5.04	0.56	2.17
F 值	5.89		13.69	
$Adj\text{-}R^2$	17.21		37.85	
样本量	698		1103	

表 6-17　国企稳健性检验

Varibles	2009—2012 年 估计系数	2009—2012 年 t 值	2013—2016 年 估计系数	2013—2016 年 t 值
$EECG$	−0.01	−1.82	−0.01	−2。93
$LnME$	0.01	1.34	0.01	0.12
Lev	0.02	7.11	0.03	2.32
$LnSize$	−0.01	−4.78	−0.01	−2.86
$MBRG$	−0.07	−2.33	−0.08	−5.13
$Turn$	−0.06	−2.19	−0.09	−2.17
$Asset$	0.08	0.39	−0.06	−2.22
$Dual$	0.25	1.87	0.02	1。91
ID	−0.07	−2.31	−0.08	−3.38
BM	0.03	2.52	−0.03	−0.98
PE	−0.01	−8.99	−0.01	−5.61
$Beta$	0.04	3.58	0.29	11.26
$EECG^2$	0.67	1.83	0.34	5.12
$Year$	控制		控制	
$Indu$	控制		控制	
$EECG \times LnME$	−0.01	−1.80	0.01	2.14
$EECG^2 \times LnME$	−0.11	−2.25	0.10	1.87
$Constant$	0.78	6.64	0.56	3.76
F 值	13.35		33.17	
$Adj-R^2$	26.77		42.08	
样本量	893		1497	

（三）将董事前三位薪酬总额代替高管前三位薪酬总额的稳健性检验

本书通过将董事前三位薪酬总额代替高管前三位薪酬总额的方法来进行稳健性检验，对民企和国企董事的外部薪酬差距与资本成本的相关性进行稳健性检验，表 6-18 和表 6-19 列示了稳健性检验的结果。为了消除组间异方差，本书在回归方程后加 Robust 命令。从稳健性检验结果来看，稳健性检验的结果与之前的回归结果具有较强的一致性。2009 年至 2012 年民企的回归结果表明：资本成本与在职消费和董事外部薪酬差距的一次项交乘呈正相关，但不显著；资本成本与在职消费和董事外部薪酬差距的二次项第 6 章 调节效应：在职消费、高管外部薪酬差距与资本成本交乘呈正相关，但不显著，说明在职消费对董事外部薪酬差距与资本成本的关系没有显著影响，假设 1a 得以验证。2013 年至 2016 年民企的回归结果表明：资本成本与在职消费和董事外部薪酬差距的一次项交乘呈负相关，但不显著；资本成本与在职消费和董事外部薪酬差距的二次项交乘呈负相关，但不显著，说明在职消费对董事外部薪酬差距与资本成本的关系没有显著影响，假设 1b 得以验证。2009 年至 2012 年国企的回归结果表明：资本成本与在职消费和董事外部薪酬差距的一次项交乘在 95%的置信水平上显著负相关，回归回归系数小于 0；资本成本与在职消费和董事外部薪酬差距的二次项交乘在 90%的置信水平上显著负相关，回归系数小于 0，说明在职消费削弱了董事外部薪酬差距与资本成本的关系，假设 1c 得以验证。2013 年至 2016 年国企的回归结果表明：资本成本与在职消费和董事外部薪酬差距的一次项交乘在 95%的置信水平上显著正相关，回归系数大于 0；资本成本与在职消费和董事外部薪酬差距的二次项交乘在 95%的置信水平上显著正相关，回归系数大于 0，说明在职消费增强了董事外部薪酬差距与资本成本的关系，假设 1d 得以验证。

表 6-18　民企稳健性检验

Varibles	2009—2012 年 估计系数	2009—2012 年 t 值	2013—2016 年 估计系数	2013—2016 年 t 值
ECGOD	-0.01	-1.89	-0.01	-3.78
LnPC	-0.01	-0.87	0.01	3.89
Lev	0.07	3.74	0.10	5.61
LnSize	-0.01	-3.99	-0.0	-1.86
MBRG	-0.01	-4.15	-0.0	-1.86
Turn	-0.01	-1.83	-0.01	-2.78
Asset	-0.01	-1.89	-0.01	-2.13
Dual	0.03	2.35	0.06	3.45
ID	-0.02	-2.17	-0.04	-0.57
BM	0.01	1.88	0.01	5.62
PE	-0.01	1.79	-0.01	-0.34

Varibles	2009—2012 年 估计系数	2009—2012 年 t 值	2013—2016 年 估计系数	2013—2016 年 t 值
Beta	0.01	1.93	0.03	6.96
$EECG^2$	0.26	1.91	0.34	5.57
Year	控制		控制	
Indu	控制		控制	
$ECGOD \times LnPC$	0.01	0.87	−0.01	−0.57
$ECGOD^2 \times LnPC$	0.01	1.13	−0.01	−0.87
Constant	0.59	6.18	0.36	4.56
F 值	3.31		8.89	
$Adj\text{-}R^2$	15.67		27.71	
样本量	317		519	

表 6-19　国企稳健性检验

Varibles	2009—2012 年 估计系数	2009—2012 年 t 值	2013—2016 年 估计系数	2013—2016 年 t 值
ECGOD	−0.01	−1.83	−0.01	−2.15
LnPC	−0.01	−0.97	0.01	2.26
Lev	0.09	1.91	0.06	3.55
LnSize	−0.01	2.33	−0.01	−7.81
MBRG	−0.02	−2.35	−0.02	−0.58
Turn	−0.09	−0.37	−0.10	−2.19
Asset	−0.09	−4.57	−0.01	−1.92
Dual	0.01	5.58	0.03	1.88
ID	−0.06	−2.29	−0.01	−8.19
BM	0.05	1.82	0.08	2.49
PE	−0.01	−1.93	−0.01	−26.71
Beta	0.01	2.33	−0.06	−1.83
$EECG^2$	0.10	1.73	0.37	5.92
Year	控制		控制	
Indu	控制		控制	
$ECGOD \times LnPC$	−0.01	−2.26	0.01	2.27
$ECGOD^2 \times LnPC$	−0.01	−1.67	0.01	2.41

Varibles	2009—2012 年 估计系数	2009—2012 年 t 值	2013—2016 年 估计系数	2013—2016 年 t 值
Constant	−0.06	−2.35	0.01	8.19
F 值	4.55		119.36	
Adj-R²	27.18		37.18	
样本量	486		639	

三、结论

通过本章回归分析的实证检验，本书得出以下主要结论：

（1）2009 年至 2012 年间和 2013 年至 2016 年间，民企高管的在职消费对高管外部薪酬差距与资本成本的关系都没有显著影响。由于民营企业高管的在职消费没有受到严厉抑制，而民企普遍较为有效的公司治理使得高管的在职消费较少出现过度的情况。因此，在民企中，既不会由于较多的在职消费而使得高管的工作积极性与货币薪酬的相对值之间的相关性减弱，继而使得高管外部薪酬差距与资本成本之间的相关性减弱；也不会由于较少的在职消费使得高管的工作积极性与货币薪酬的相对值之间的相关性增强，继而使得高管外部薪酬差距与资本成本之间的相关性增强。

（2）2009 年至 2012 年间，国企高管的在职消费金额过大，对于一些高管薪酬不足或下降较快的企业来说，过度的在职消费使高管的工作积极性对货币薪酬相对值的敏感性较低，即使薪酬管制导致货币薪酬下降，高管的工作积极性也由于在职消费对货币薪酬的弥补也不会呈明显下降趋势，使在职消费在一定程度上削弱了高管外部薪酬差距与资本成本之间的相关关系。2013 年至 2016 年间，国企高管的在职消费受到抑制，且抑制的程度较大，使高管在薪酬受到管制时，无法通过在职消费得以弥补，高管的货币薪酬成为影响管理者管理水平的更重要的因素，此时高管较 2013 年以前在职消费受到严厉抑制以前更关注外部薪酬差距的多少，其工作质量也与外部薪酬差距的多少相关性更强，因此，在职消费受到的严厉抑制增强了高管外部薪酬差距与资本成本之间的相关关系。

第六节　本章小结

本章研究了 2009 年至 2012 年和 2013 年至 2016 年两个时间段内，在职消费受到严厉抑制前后，高管的外部薪酬差距与资本成本之间的相关性，分民企和国企两种样本进行了分析。通过对变量的描述性统计、变量的相关性分析及模型的回归分析。我们发现，不同控制人性质的企业，其在职消费、高管外部薪酬差距和资本成本之间的关系有所不同。主要原因在于，不同控制人性质的企业受到的薪酬管制和在职消费抑制的程度不同。2013年以前，由于较好的公司治理效果，民企高管的在职消费没有出现过高的现象，在职消费对货币薪酬没有起到明显的补充的作用，民企高管的货币薪酬也没有明显下降而需要在职消费予以弥补。因此，在职消费对于民企高管的外部薪酬差距与资本成本之间的关系并没有显著的影响。2013 年以后，由于民营企业高管的在职消费没有受到明显抑制，所以民企高管不会因为较少的在职消费而更重视薪酬的多少，在职消费对高管外部薪酬差距与资本成本的关系没有显著影响。对于国企高管而言，从 2009 年开始，货币薪酬开始受到管制，从全行业的高管外部薪酬差距数据可知，随着薪酬管制的增强，高管外部薪酬差距减少，甚至为负，但是，此时国企高管的在职消费没有受到抑制，而是处于过度消耗的状态，是隐性腐败的一种，对股东的财富产生较大程度的损害。但是，在职消费也减少了国企高管对货币薪酬不断降低而产生的不满心理，保证了较高的管理水平，降低了股东的投资风险水平，降低了资本成本。由此，在职消费减弱了高管外部薪酬差距与资本成本之间的相关性。从 2013 年开始，国企高管的在职消费开始受到大力度抑制，大大降低了国企高管的隐性腐败程度，是对股东财富的大力保护。但与此同时，国企尤其是中央国企高管的货币薪酬也受到越来越严厉的管制，国企高管的外部薪酬差距较低，甚至为负，此时，原有的较多的在职消费发挥的弥补薪酬不足的作用，而对高管工作积极性产生正面影响的效应消失，使得高管将更关注货币薪酬的多少，其工作积极性与外部薪酬差距的相关性增强，较低的工作积极性将导致较低的工作质量，使投资者的风险评估提高，资本成本提高。相较于在职消费抑制以前，外部薪酬差距的持续降低将对资本成本产生持续的更大的不利影响，资本成本与外部薪酬差距的相关性增强。资本成本的提高使股东实际报酬率与资本成本的差额缩小，甚至为负，继而对股东财富增长产生不利影响。由此，本书认为，在大力度的在职消费受到抑制的背景下，应更重视高管货币薪酬制定机制的合理性，应以资本成本为基准，计算使资本成本达到极小值点的高管外部薪酬差距的金额，并作为残差带入高管薪酬决定模型中，求出使资本成本达到极小值点的高管薪酬，作为高管薪酬制定的基准。为了更充分地考虑各种因素对资本成本的影响，本书将在最后一个章节根据最终的回归方程求使资本成本达到极小值点的高管外部薪酬差距。

第七章 中介效应：高管外部薪酬差距、会计信息披露质量与资本成本

第一节 问题的提出

本章将在前面章节研究的基础上，进一步讨论高管的外部薪酬差距对资本成本的影响机制及效应。第五章和第六章的研究以高管的外部薪酬差距作为衡量薪酬管制强度的变量，已经证明高管外部薪酬差距具有资本成本效应，也就是高管外部薪酬差距能直接影响资本成本，需要进一步深思的问题是：高管外部薪酬差距对资本成本的影响是否有间接的路径？目前，鲜见这方面的研究。本章的研究目的在于进一步明晰高管外部薪酬差距对资本成本的作用机理和路径，构建更完整的逻辑研究框架，同时也为基于资本成本角度进行的薪酬管制提供新的视角和思路。

目前的高管薪酬契约设计多基于高管的工作业绩来进行，高管的工作业绩通过会计信息披露出来。薪酬管制将导致高管外部薪酬差距的下降，高管可能操纵会计信息，进行盈余管理，通过披露虚假的会计信息实现高额薪酬回报的目的。当年的盈余超过可获得的最高薪酬对应的盈余时，高管还可能平滑盈余，将当年的盈余挪到以后年度用以弥补盈余的不足。另外，高管还可能通过过度在职消费、过度投资、资金挪用、贪污腐败等、关联交易等方式获取利益，并对外隐藏这些相关的会计信息。高管的会计舞弊行为将导致会计信息披露质量的下降，更多的企业可能得到"非标"审计意见。根据信号传递理论，企业不披露较差的会计信息或披露造假的会计信息将导致资本市场对其产生较差的评价，投资者对企业投资的风险评估提高，继而增加资本成本。

目前的研究尚未见到将会计信息披露质量作为中介变量研究高管外部薪酬差距对资本成本的影响。而高管外部薪酬差距对会计信息披露质量的影响确实存在。会计信息披露质量对资本成本的影响也确实存在。因此，有必要深入剖析高管外部薪酬差距通过会计信息披露质量对资本成本的影响。继而进一步深入了解高管外部薪酬差距对资本成本的影响路径，从而为降低资本成本寻求方法。

因此，本章将在以往研究的基础上，进行中介效应研究，剖析高管外部薪酬差距对会计信息披露质量的影响，继而对资本成本产生的影响。

第二节　中介效应的检验方法

最传统的中介效应的检验方法是 Baron 和 Kenny（1986）提出来的逐步法[141]。假定因变量为 Y,自变量为 X，拟验证的中介变量是 M。三者的关系如下图所示：

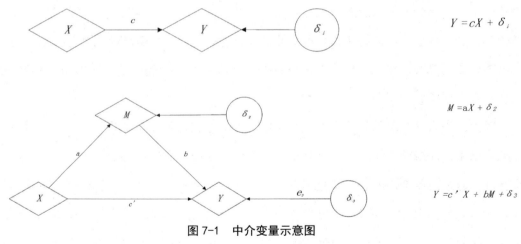

$$Y = cX + \delta_i$$

$$M = aX + \delta_2$$

$$Y = c'X + bM + \delta_3$$

图 7-1　中介变量示意图

逐步法的检验步骤如下：

（1）检验自变量 X 对因变量 Y 的总效应，回归方程为 $Y=cX+\delta_i$。如果系数 c 显著，即 $H0:c=0$ 被拒绝，则继续检验，否则则停止中介效应的检验。

（2）检验方程 2 的系数 a，回归方程为 $M=aX+\delta_2$，如果系数 a 是显著的（$H0$：$a=0$ 被拒绝），则继续检验方程 3，否则则表明中介效应不存在。方程 3 为 $Y=c'X+bM+\delta_3$，如果 b 显著（$H0$：$b=0$ 被拒绝），则表明中介效应存在。

（3）方程 3 为 $Y=c'X+bM+\delta_3$，检验是完全中介效应还是部分中介效应。如果 c' 不显著，b 显著，则为完全中介效应。如果 c' 和 b 都显著，则为部分中介效应。完全中介效应即只有中介变量对因变量产生影响，而部分中介效应则除了中介变量还有自变量将对因变量产生影响。

采用 sobel（1982）的系数乘积检验法检验 a 与 b 乘积的联合显著性，这样可以避免产生"弃真"的错误[144]。

Sobel 统计量方程为：$z=\dfrac{\hat{a}*\hat{b}}{s_{ab}}$，$\hat{a}$ 和 $\hat{b}$ 是 a 和 b 的估计值，$s_{ab}=\sqrt{\hat{a}^2 s_b^2+\hat{b}_2 s_a^2}$ 是 $\hat{a}\,\hat{b}$ 的标准误，s_a 与 s_b 是 $\hat{a}$ 和 $\hat{b}$ 的标准误。在临界值表中，显著性水平 0.05 对应的临界值不是 1.96，而是 0.97，这使得中介变量在更多时候被认为是显著的，但第一类错误率，即弃真错误的概率也大大提高。Sobel 检验的原假设是：$ab=0$。如果检验结果是显著的，就拒绝原假设，此时，M 具有中介效应。因为该检验要求 ab 是正态分布，但检验结果可能会出现有偏的情况（温忠麟，张雷，侯杰泰等，2004）[145]。

另一种中介效应的检验方法是检验 c 与 c' 的差异是否显著的方法，即检验 $H0:c-c'=0$，如果拒绝原假设，则 M 的中介效应显著。但是，该方法犯第一类错误的概率明显高于系数乘积检验法（温忠麟，张雷，侯杰泰等，2004）因此，此方法应用的范围并不普遍[145]。

温忠麟，张雷，侯杰泰等（2004）认为如果每个步骤的检验都是显著的，则逐步法将优于 Soble[145]。将 Soble 法由 Bootstrap 取代。流程如下：

第一，检验方程（1）的系数 c，如果显著则为中介效应，如果不显著则为遮掩效应。

第二，检验方程（2）的系数 a，和方程（3）的系数 b，如果两个系数都是显著的，则中介的间接效应显著，如果至少有一个不显著，则按照第三步，利用 Bootstrap 法检验。

第三，用 Bootstrap 法检验 $H0:ab=0$。如果结果是显著的，那么中介的间接效应是显著的，按照第四步检验。否则，如果中介的间接效应是不显著的，则停止继续检验。

第四，检验方程（3）的系数 c'，如果不显著，则为完全中介效应。如果显著，那么为部分中介效应。

流程图如下：

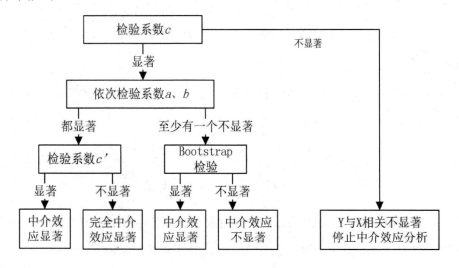

图 7-2　中介效应检验图

第三节　理论分析及研究假设

薪酬设计的出发点，是将企业业绩与高管薪酬进行捆绑，降低代理成本，而评价企业业绩的信息来源则是会计信息，以会计信息作为评价高管工作质量的标准；当经理人愿意将企业的真实的且较好的信息通过财务报告予以披露时，根据信号传递理论，投资者将获得高质量的会计信息，并对该公司做出正面的反馈，做出较低的风险评估。但是我国的会计信息制度并不完善，高管对会计信息有较大的控制权，当薪酬受到管制的时候，高管外部薪酬正向差距缩小，或负向差距扩大，为了在既定的薪酬范围内获得尽可能高的薪酬回报，弥补薪酬管制对自身利益的损害，高管可能会操纵会计信息，粉饰较差的会计信息，违背真实性原则，导致会计信息质量的下降，对企业资产的保值增值产生不利影响。当会计盈余对应的高管薪酬超过高管薪酬管制的最高限额时，高管可能采取盈余平滑的方式，为以后期间可能较低的盈余做弥补的准备。高管也可能通过过度在职消费、过度投资、资金占用、关联交易等形式侵占股东利益，并隐瞒这些信息，降低会计信息的含量（王新、毛慧贞，2012）[146]。高管的控制权收益能否被公众所监督，取决于公司披露的高质量的会计信息。当缺乏有效的内部控制时，经理人可操纵会计信息，降低会计信息披露的质量，减弱社会对其的有效监督。会计信息质量不佳将导致资源配置错位，对股东利益产生更大的危害。薪酬管制越严厉，正向外部薪酬差距越小，负向外部薪酬差距越大，也就是外部薪酬差距的值越小，此时，为了获取尽可能高的薪酬，高管将越可能出现操纵会计信息的行为，会计信息质量越差，审计师给出的非标意见可能性越大，当审计意见为非标无保留意见时，衡量会计信息质量的数值为1；当审计意见不是非标无保留意见时，衡量会计信息质量的数值为0。

中央国企的会计信息披露质量与地方国企相比存在差异，这是由于中央政府和地方政府对于高管的激励机制形式的选取不同。处于维护社会公平公正的角度，中央政府对于所属的中央国企的高管的行为施行严格的内部审计监督，派驻国企监事会，定期或不定期通过审计署、财监办和纪委等进行舞弊防治案件的检查，使中央国企的会计信息披露得到较为严格的监控，会计信息披露质量一定程度上得到保证（朱红军，2004）[147]。而对于地方国企，出于政绩的考虑，地方政府需要对地方国企高管留足信息租金，以防降低高管的工作积极性或导致其隐藏利润（毛洪涛，王新，2008）[148]。地方政府一方面服从上级的要求，对地方国企高管施行薪酬管制，另一方面又对高管的其他代理问题漠视放任，导致地方国企高管在会计信息披露质量下降。

因此，提出假设1a：在地方国企中，高管外部薪酬差距下降将导致会计信息披露质量下降，即高管外部薪酬差距与会计信息披露质量显著正相关。

假设1b：在中央国企中，高管外部薪酬差距下降将不会导致会计信息披露质量明显下降，即高管外部薪酬差距与会计信息披露质量相关性不显著。

由上述分析可知，当薪酬管制存在时，即高管外部薪酬差距下降时，将对会计信息质量产生不利的影响。从理论层面分析，企业的会计信息质量将从两个角度影响资本成本：第一是企业会计信息质量高，将缓解信息不对称的问题，使投资者减少对企业未来发展不确定性的评价，使投资者获得的股票信息更多更有效，减少投资者的交易次数，提高交易质量，使投资者投资该企业的积极性得以提高，从而降低投资者对股票溢价的要求，最终降低资本成本。信息不对称，即会计信息的低质量将导致逆向选择问题，提高投资者的交易成本，导致资本成本提升。反之，当会计信息具有较高质量时，信息不对称程度将较低，投资者要求的溢价报酬率就会较低，企业在股票市场上融资时的资本成本就较低。第二是企业会计信息质量高将使投资者降低对企业股票的风险评估。会计信息的较高质量能够使盈余质量得以优化，向投资者提供的信息更相关、更真实，使投资者做出具有更加理性依据的投资决策，投资的风险降低，从而降低资本成本。反之，如果投资者选择投资的企业具有较低的会计信息质量，投资者对其投资的未来风险较大，为了弥补其承担的较多的风险，投资者将要求更多的风险补偿，资本成本将增加。不论从哪个角度分析，根据信号传递理论，较差的会计信息质量都将得到资本市场负面的评价，投资者将要求更高的报酬率，继而资本成本更高。由此可知，会计信息披露质量与资本成本之间负相关。

因此，提出假设 2a:高管外部薪酬差距下降能通过降低会计信息披露质量，增加资本成本。

第四节　模型设定与变量选择

一、样本与数据来源

本章选用的样本数据主要来自 CSMAR 中国股票市场交易数据库、Resset 数据库和万德数据库，剔除了金融、保险业样本、数据缺失样本和数据极端异常样本。由于薪酬管制的对象是地方国企和中央国企，与民企无关，因此，对于中介效应的模型，本书选取 2009

年至 2016 年地方国企和中央国企的数据为研究对象，得到资本成本为被解释变量的模型的 4163 个观测值和 3926 个观测值，以及会计信息披露质量为被解释变量的模型的 4320 个观测值。其中，中央国企以资本成本为解释变量的模型有 356 个观测值，以会计信息披露质量为解释变量的模型有 368 个观测值，地方国企以资本成本为解释变量的模型有 3807 个观测值和 3584 个观测值，以会计信息披露质量为解释变量的模型有 3952 个观测值。

对于国企受到的薪酬管制，到底管制到什么程度是最佳状态是值得深入思考的。在其他因素不变的情况下，使资本成本达到最小值点的高管外部薪酬差距将使得股东财富实现最大化，因此，需要求出这个极值点。由于上一章提到的调节变量在职消费和本章涉及的中介变量会计信息披露质量都将对资本成本产生影响，因此，应将调节变量和中介变量都放入高管外部薪酬差距和资本成本的回归方程中，充分考虑各种变量对资本成本的影响，再求出资本成本的极小值点对应的高管外部薪酬差距。由于在职消费受到抑制是 2013 年以后才有的情况，因此，本章将选取 2013 年至 2016 年地方国企和中央国企的数据作为样本进行回归来求极值点，地方国企共 1786 个观测值，中央国企共 193 个观测值。

二、模型设定

（一）中介效应模型

为了检验 c，本章构建模型，如下所示：

$$R = \alpha + \beta_1 EECG_t + \beta_2 EECG_t^2 + \beta_3 Lev_t + \beta_4 Lnsize_t + \beta_5 MBRG_t + \beta_6 Turn_t$$
$$+ \beta_7 Asset_t + \beta_8 Dual_t + \beta_9 ID_t + \beta_{10} BM_t + \beta_{11} PE_t + \beta_{12} Beta_t + \beta_{13} Year_t + \beta_{14} Indu_t + \varepsilon$$

（式 7-1）

为了检验 a，因变量会计信息披露质量为二值有序离散变量，因此，本章构建二值有序响应模型如下：

$$Opion = \alpha + \beta_1 EECG_t + \beta_2 Lev_t + \beta_3 First_1 + \beta_4 First(2-10)_t$$
$$+ \beta_5 ID_t + \beta_7 Board_t + \beta_8 AGE_t + \beta_9 Beta_t + \beta_{10} Year_t + \beta_{11} Indu_t + \varepsilon$$

（式 7-2）

本章将非流动资产负债率、股权集中度、独立董事比例、董事会规模、实际控制人性质、贝塔系数和上市年限作为控制变量。

为了检验 c' 和 b，本章构造模型如下：

$$R = \alpha + \beta_1 Opinion_t + \beta_2 EECG_t + \beta_3 EECG_t^2 + \beta_4 Lev_t + \beta_5 Lnsize_t + \beta_6 MBRG_t + \beta_7 Turn_t$$
$$+ \beta_8 Asset_t + \beta_9 Dual_t + \beta_{10} ID_t + \beta_{11} BM_t + \beta_{12} PE_t + \beta_{13} Beta_t + \beta_{14} Year_t + \beta_{15} Indu_t + \varepsilon$$

（式 7-3）

其中，α 为常数项，ε 为残差，β_1 至 β_{15} 为各变量的系数，其值为正，且显著，说明该变量与资本成本呈显著正相关关系；反之，则呈显著负相关关系。

（二）求极值点模型

在第六章加入调节变量的回归模型基础上，加入中介变量，将利用回归系数结果求极值，即求使资本成本达到最低点的高管外部薪酬差距。

$$R = \alpha + \beta_1 EECG_t + \beta_2 EECG_t^2 + \beta_3 EECG_t \times LnPC_t + \beta_4 EECG_t^2 \times LnPC_t + \beta_5 LnPC_t + \beta_6 Opinion_t + \beta_7 Lev_t + \beta_8 lSize_t$$
$$+ \beta_9 MBRG_t + \beta_{10} Turn_t + \beta_{11} Asset_t + \beta_{12} Dual_t + \beta_{13} ID_t + \beta_{14} BM_t + \beta_{15} PE_t + \beta_{16} Beta_t + \beta_{17} Year_t + \beta_{18} Indu_t + \varepsilon$$

（式 7-4）

三、变量定义

（一）资本成本模型中有关变量定义

（1）被解释变量：资本成本，GLS/OJ/PEG 模型估算的数值的平均值。

（2）解释变量：高管外部薪酬差距是根据高管薪酬决定模型计算出来的残差。高管外部薪酬差距金额越小，说明薪酬管制越严厉。本书假设高管外部薪酬差距与资本成本呈 U 型关系。

会计信息披露质量：将审计师审计公司报表出具的审计意见分为两类：0 为非标准意见，1 为标准无保留意见。会计信息披露质量越好，资本成本越低。

（3）控制变量：见表 5-1。

（二）会计信息质量模型中有关变量的定义

（1）被解释变量：会计信息披露质量将审计师审计公司报表出具的审计意见分为两类：0 为非标准意见，1 为标准无保留意见，由于会计信息质量以 1 和 0 变量来衡量，因此需要做 Logit 回归。

（2）解释变量：高管外部薪酬差距，根据高管薪酬决定模型，计算残差，并与行业平均残差相减，作为高管外部薪酬差距的衡量指标。高管外部薪酬差距金额越小，说明薪酬管制越严厉。在高管薪酬受抑制的情况下，高管有更大的动机通过其他方式，如过度在职消费、过度投资、资金占用和关联交易等弥补薪酬受损的利益，为了掩盖其对股东利益的损害，将通过不披露或作假的行为处理会计信息，会计信息质量下降，审计非标意见增多。因此，高管外部薪酬差距越小，会计信息质量越差。高管外部薪酬差距与会计信息质量呈正相关。

（3）控制变量：本书借鉴于团叶、张逸伦和宋晓满（2013）[149]，谭兴民、宋增基和蒲勇键（2009）[150]，刘婉立、朱红（2013）[151]，惠晓峰、杜长春（2009）[150]的研究结论，将股权集中度、资产负债率、董事会规模、独立董事比例、贝塔系数和上市年限、年度和行业作为控制变量。

于团叶、张逸伦和宋晓满（2013）认为当公司的股权分散时，众多的中小股东没有能力，也不愿意花费成本去监督高管，监督信息的披露质量。大股东为了对自己的资产实现保值增值，他们愿意并且能够参与公司的治理，从而监督管理层，监督企业的信息披露质量。因此股权集中度与公司会计信息质量呈正相关[149]。债权人将资金让渡给企业后，将对公司的行为进行监督，公司会计信息成为债权人掌握公司信息的主要来源，会计信息质量必然受到债权人的监控。因此，公司负债有利于公司会计信息质量的保障，公司的负债比例与会计信息披露质量呈正相关（谭兴民、宋增基、蒲勇键，2009）[150]。刘婉立、朱红（2013）认为董事会规模越大，其丰富的专业知识和经验有利于董事会更充分地行使董事会的职能。董事会的规模反映了参与公司决策和监督公司高管行为的能力。因此，董事会规模与会计信息质量正相关[151]。

谭兴民、宋增基、蒲勇键（2009）的研究表明独立董事比例较高的公司，对经理人的监管更强。独立董事能通过影响盈余稳健性约束经理人的机会主义行为，降低代理成本。另外，独立董事能够保护中小股东利益，防止公司内部人员侵占中小股东利益，通过监督经理人，防止经理人向外传递虚假消息。因此，独立董事比例与会计信息质量呈正相关[148]。当上市公司的信息披露数量超过一定值后，上市公司贝塔值与上市公司的信息披露质量呈正比（惠晓峰，杜长春，2009）[152]。上市年限：一般上市较早的企业，其企业业绩和管理机制都相对较优，使得企业有能力披露较好的业绩，取得投资者的信任，因而，上市年限与会计信息质量呈正比。

表 7-1　变量说明

变量性质与变量代码		详细说明
被解释变量	Opinion	会计信息质量，标准无保留意见为 1，其他意见为 0
	R	资本成本
解释变量	EECG	根据高管薪酬决定模型计算的残差与行业平均残差相减
	Opion	会计信息披露质量
控制变量与虚拟变量		财务特征
	Level	资产负债率，同表 5-1
	LnSize	总资产的对数，同表 5-1
	MBRG	主营业务收入增长率，同表 5-1
	BM	账市比，同表 5-1
	PE	市盈率，同表 5-1
	Asset	经营效率，同表 5-1
		股权特征
	First1	股权集中度 1：第一大股东持股比例
	First2-10	股权集中度 2-10：第二至第十大股东持股比例
	Dual	两职合一，同表 5-1
		董事会特征
	ID	董事会的独立性，同表 5-1
	Board	董事会规模

变量性质与变量代码		详细说明
控制变量与 虚拟变量		其他
	Beta	贝塔系数，同表 5-1
	Age	上市年限，同表 5-1
	Turn	年总股数换手率，同表 5-1
	Year	年度变量，虚拟变量，当年为 1，否则为 0
	Indu	行业变量，虚拟变量，根据证监会《上市公司行业分类指引（2015 年修订）》将行业共分为 13 类，剔除金融业后为 12 个虚拟变量，当公司处于某一行业时，该行业哑变量取 1，否则为 0

四、主要变量的描述性统计

本章回归分析模型中变量的描述性统计见表 7-2 和 7-3。考虑到极端值的影响，本章对模型中的数据在 1% 和 99% 的水平上进行 winsorize 处理。

表 7-2 资本成本模型中有关变量描述性统计

Variable	Obs	Mean	Median	Std. Dev	Max	Min
资本成本（*R*）	2690	0.11	0.12	0.22	0.39	0.01
高管外部薪酬差距（*EECG*）	2690	−0.14	−0.14	0.57	0.38	−0.58
资产负债率（*Level*）	2690	0.64	0.49	0.99	0.88	0.01
总资产的对数（*LnSize*）	2690	22.59	22.28	2.04	26.86	18.57
主营业务收入增长率（*MBRG*）	2690	0.76	0.60	2.85	5.69	−0.88
年总股数换手率（*Turn*）	2690	3.90	3.69	1.70	12.75	0
经营效率（*Asset*）	2690	0.57	0.47	0.53	5.68	0.01
董事会独立性（*ID*）	2690	0.35	0.33	0.14	0.75	0.25
账市比（*BM*）	2690	0.74	0.63	0.46	3.68	0.09
市盈率（*PE*）	2690	48.56	36.80	363.72	5603.77	0.21
贝塔系数（*Beta*）	2690	0.97	1.07	0.38	2.35	−1.45

2009 年至 2016 年的数据描述性统计如下：资本成本的均值为 0.105292，数值较低，体现出投资者对企业投资风险较低的评估。高管外部薪酬差距均值为 - 0.13587，反映出国企受到薪酬管制的特点。资本成本的中位数为 0.115062，略高于均值，说明大部分企业的资本成本高于均值。高管外部薪酬差距的中位数为 - 0.13698，说明很多国有企业高管受到

薪酬管制，导致高管外部薪酬差距的中位数为负数；中位数低于均值，说明大部分企业的高管外部薪酬差距低于均值。

表 7-3 会计信息质量模型中有关变量描述性统计

Variable	Obs	Mean	Median	Std. Dev	Max	Min
高管外部薪酬差距（EECG）	4631	−0.15	−0.14	0.56	0.38	−0.53
非流动资产负债率（Level）	4631	0.63	0.65	0.72	0.89	0.21
董事人数（Board）	4631	9.92	9	2.34	17	4
董事会独立性（ID）	4631	0.37	0.36	0.42	0.75	0.25
第一大股东持股比例（First 1）	4631	39.11	37.26	16.56	80.65	10.98
第二至十大股东持股比例（First2-10）	4631	24.52	17.35	23.75	56.73	1.42
贝塔系数（Beta）	4631	1.07	1.06	0.41	2.29	−1.12
上市年限（Age）	4631	17.87	18	1.05	23	7

2009 年至 2016 年的数据描述性统计如下：高管外部薪酬差距的均值为 - 0.1472，说明国企高管受到薪酬管制，高管外部薪酬差距数额较低。高管外部薪酬差距的中位数为 - 0.1381，数额较低，说明很多企业受到了薪酬管制；中位数高于均值，说明大部分企业的高管外部薪酬差距高于均值。

第五节 变量的相关性分析

为了避免出现严重的多重共线性，在回归之前需要对变量的相关系数进行检验，本文采用 pearson 检验，分析各变量之间是否存在严重的多重共线性。由表中数据可知，表 7-4 各相关系数都小于 0.55，表 7-5 各相关系数绝对值都小于 0.40，表 7-6 各相关系数都小于 0.55，表 7-7 各相关系数都小于 0.55，表 7-8 各相关系数都小于 0.4，表 7-9 各相关系数都小于 0.6，表 7-10 各相关系数都小于 0.6。根据 Ho 和 Wong（2011）的研究，只要相关系数不超过 0.8，就不需要担心自变量间的多重共线性问题[101]。式 7-2 应用 logit 回归，无法检测 VIF 值，表 7-11、7-12 和 7-13 表示其余各式变量的 VIF 值均小于 10，不存在严重的多重共线性问题，不会影响各变量的参数估计，可以进行进一步的多元回归分析。

表 7-4　地方国企各变量相关系数表

	R	EECG	Lev	LnSize	MBRG	Turn	Asset	Dual	ID	BM	PE	Beta	EECG²
R	1.00												
EECG	−0.08	1.00											
Level	0.41	−0.06	1.00										
LnSize	−0.37	0.34	0.39	1.00									
MBRG	−0.45	−0.19	0.49	0.44	1.00								
Turn	−0.08	−0.52	0.19	−0.32	0.28	1.00							
Asset	0.09	0.34	0.06	0.15	0.37	−0.38	1.00						
Dual	0.07	0.28	0.50	−0.10	0.01	0.09	−0.41	1.00					
ID	−0.11	0.32	0.53	−0.35	0.47	0.47	0.12	0.33	1.00				
BM	0.07	−0.22	0.42	0.51	0.08	−0.44	0.53	0.08	−0.41	1.00			
PE	−0.54	0.09	−0.10	−0.07	−0.43	−0.27	−0.09	0.34	0.23	−0.36	1.00		
Beta	0.24	−0.42	0.24	0.34	0.22	0.32	−0.01	−0.03	0.38	0.41	−0.39	1.00	
EECG²	0.09	0.34	0.27	0.30	0.36	0.11	0.42	0.14	0.09	−0.10	−0.10	-0.01	1.00

表 7-5　地方国企式 7-2 各变量相关系数表

	Opion	EECG	Level	Board	ID	First1	First2−10	Beta	Age
Opion	1.00								
EECG	0.11	1.00							
Level	0.36	0.17	1.00						
Board	0.23	−0.33	0.35	1.00					
ID	0.10	0.17	−0.28	0.29	1.00				
First1	0.32	0.36	0.07	−0.33	−0.23	1.00			
First2−10	0.12	0.10	0.24	0.33	0.31	0.18	1.00		
Beta	0.19	−0.23	0.37	0.26	0.06	−0.35	−0.12	1.00	
Age	0.01	0.38	0.01	−0.08	0.31	0.10	0.31	0.10	1.00

表 7-6　地方国企式 7-3 各变量相关系数表

	R	EECG	Opion	Lev	LnSize	MBRG	Turn	Asset	Dual	ID	BM	PE	Beta	EECG²
R	1.00													
EECG	-0.13	1.00												
Opion	-0.01	0.09	1.00											
Level	0.51	-0.34	0.38	1.00										
LnSize	-0.01	0.52	-0.01	0.41	1.00									
MBRG	-0.37	-0.01	-0.53	0.34	0.48	1.00								
Turn	-0.41	-0.32	0.03	0.09	-0.33	0.09	1.00							
Asset	0.32	0.46	-0.38	0.10	0.42	0.33	-0.54	1.00						
Dual	0.12	0.33	0.09	0.02	-0.01	0.34	0.01	0.09	1.00					
ID	-0.39	0.01	-0.35	0.38	0.36	0.46	0.061	0.34	0.34	1.00				
BM	0.23	-0.54	0.09	0.41	0.12	0.04	-0.38	0.50	0.19	-0.45	1.00			
PE	-0.41	0.01	0.47	-0.37	-0.31	-0.01	-0.28	-0.27	0.08	0.10	0.36	1.00		
Beta	0.33	-0.41	0.01	0.01	0.49	0.10	0.51	-0.32	-0.10	0.38	0.41	-0.21	1.00	
EECG²	0.09	0.30	0.36	0.01	-0.03	0.30	-0.22	0.46	0.36	0.20	-0.53	-0.09	-0.32	1.00

表 7-7　中央国企式 7-1 各变量相关系数表

	R	EECG	Lev	LnSize	MBRG	Turn	Asset	Dual	ID	BM	PE	Beta	EECG²
R	1.00												
EECG	-0.11	1.00											
Level	0.03	-0.10	1.00										
LnSize	-0.23	0.38	0.41	1.00									
MBRG	-0.41	-0.01	0.32	0.38	1.00								
Turn	-0.37	0.01	0.51	-0.41	0.04	1.00							
Asset	0.53	0.26	0.01	0.36	0.34	-0.44	1.00						
Duak	0.42	0.31	0.09	-0.08	-0.01	0.10	-0.25	1.00					
ID	-0.33	0.25	-0.04	-0.23	0.51	0.37	0.32	0.37	1.00				
BM	0.41	0.11	0.42	0.01	0.43	-0.33	0.01	0.35	-0.32	1.00			
PE	-0.50	-0.03	-0.31	-0.41	-0.07	-0.19	0.09	0.22	0.23	-0.08	1.00		
Beta	0.32	-0.51	0.34	-0.34	0.33	0.04	-0.11	-0.01	0.34	0.29	-0.14	1.00	
EECG²	0.09	0.01	0.27	0.23	0.10	-0.48	0.37	0.38	0.01	-0.03	-0.27	-0.30	1.00

表 7-8　中央国企式 7-2 各变量相关系数表

	Opion	EECG	Level	Board	ID	First1	First2-10	Beta	Age
Opion	1.00								
EECG	0.31	1.00							
Level	0.13	0.32	1.00						
Board	0.25	0.01	0.22	1.00					
ID	0.03	0.01	−0.20	0.10	1.00				
First1	0.31	0.22	0.03	−0.02	−0.10	1.00			
First2-10	0.28	0.06	0.03	0.33	0.07	0.33	1.00		
Beta	0.01	−0.18	0.31	−0.13	0.01	−0.09	−0.03	1.00	
Age	0.09	−0.03	0.26	−0.10	0.32	0.12	0.27	0.31	1.00

表 7-9　式 7-4 地方国企求极值点各变量相关系数表

	R	EECG	LnPC	Opinion	Lev	Lnsize	MBRG	Turn	Asset	Dual	ID	BM	PE	Beta	$EECG^2$	$EECG \times LnPC$	$EECG^2 \times LnPC$
R	1.00																
EECG	−0.02	1.00															
LnPC	0.38	0.18	1.00														
Opinion	−0.20	−0.37	0.02	1.00													
Lev	0.41	−0.30	0.11	0.41	1.00												
Lnsize	−0.01	0.34	−0.39	0.57	0.48	1.00											
MBRG	−0.34	−0.29	0.08	−0.09	0.39	0.27	1.00										
Turn	−0.01	0.55	−0.22	0.01	−0.22	−0.32	0.33	1.00									
Asset	0.22	−0.36	0.10	−0.33	0.06	0.34	−0.01	−0.47	1.00								
Dual	0.09	0.23	0.09	0.54	0.58	−0.04	0.52	0.09	−0.41	1.00							
ID	−0.22	−0.10	0.34	−0.32	0.01	0.30	0.09	0.33	0.23	0.34	1.00						
BM	0.31	−0.34	0.19	−0.02	0.31	−0.38	0.38	−0.23	−0.52	0.23	−0.23	1.00					
PE	−0.45	0.04	−0.01	0.09	−0.08	−0.09	−0.52	−0.31	−0.09	0.01	−0.03	−0.02	1.00				
Beta	0.01	0.34	0.32	0.03	0.32	0.55	0.31	0.56	−0.31	−0.02	0.09	0.39	−0.34	1.00			
$EECG^2$	0.01	0.28	0.23	0.33	0.01	0.27	0.08	−0.10	0.45	−0.01	0.38	−0.07	0.06	−0.45	1.00		
$EECG \times LnPC$	0.16	0.44	−0.51	−0.06	0.55	0.09	0.01	0.45	0.21	−0.06	0.01	0.39	−0.10	0.01	0.49	1.00	
$EECG^2 \times LnPC$	0.51	−0.04	0.40	0.01	0.04	0.17	0.06	−0.31	0.29	0.04	0.08	0.01	0.01	−0.03	0.56	0.10	1.00

表 7-10　式 7-4 中央国企求极值点各变量相关系数表

	R	EECG	LnPC	Opinion	Lev	Lnsize	MBRG	Turn	Asset	Dual	ID	BM	PE	Beta	EECG²	EECG×LnPC	EECG²×LnPC
R	1.00																
EECG	−0.01	1.00															
LnPC	0.12	0.10	1.00														
Opinion	−0.38	−0.05	−0.02	1.00													
Lev	0.53	0.01	0.07	0.09	1.00												
Lnsize	−0.03	−0.59	−0.28	−0.01	−0.23	1.00											
MBRG	−0.19	−0.31	0.33	0.05	0.01	0.10	1.00										
Turn	−0.09	0.51	−0.55	0.01	0.14	−0.37	0.55	1.00									
Asset	0.57	0.33	0.09	−0.09	0.09	0.10	0.31	−0.44	1.00								
Dual	0.01	0.28	0.01	−0.31	0.06	−0.52	0.01	0.07	−0.28	1.00							
ID	−0.03	−0.01	−0.06	−0.22	−0.25	−0.10	0.01	0.06	0.09	−0.03	1.00						
BM	0.52	−0.38	0.28	0.51	0.34	−0.30	0.37	−0.06	0.34	0.29	−0.01	1.00					
PE	−0.38	0.08	−0.03	0.39	−0.03	−0.06	−0.08	−0.30	−0.08	0.22	−0.31	−0.02	1.00				
Beta	0.12	−0.46	0.28	−0.01	0.47	0.29	0.30	0.57	0.51	0.32	0.20	0.41	−0.23	1.00			
EECG²	0.07	0.56	0.34	−0.16	0.03	0.39	0.02	−0.31	0.28	−0.41	0.04	−0.55	−0.38	−0.07	1.00		
EECG×LnPC	0.02	0.45	−0.26	−0.51	0.06	0.51	0.11	0.48	0.41	−0.55	0.29	0.04	0.37	−0.27	0.01	1.00	
EECG²×LnPC	0.06	0.22	0.44	−0.30	0.42	0.15	0.06	−0.33	0.39	0.03	0.09	0.03	−0.10	−0.33	0.55	0.34	1.00

表 7-11　地方国企式 7-1、式 7-3 主要变量方差膨胀因子

变量	式 7-1VIF	式 7-1 的 1/VIF	变量	式 7-3VIF	式 7-3 的 1/VIF
EECG	1.99	0.50	EECG	2.29	0.44
Level	1.37	0.73	Opion	1.78	0.57
LnSize	2.86	0.35	Level	1.55	0.64
MBRG	1.02	0.98	LnSize	1.07	0.93
Turn	1.67	0.60	Growth	2.31	0.43
Asset	1.29	0.78	Turn	1.64	0.60
Dual	1.58	0.63	Asset	1.82	0.54
ID	1.34	0.75	Dual	1.16	0.86
BM	1.46	0.68	ID	1.46	0.68
PE	1.85	0.54	BM	1.08	0.93
Beta	1.03	0.97	PE	2.01	0.50
EECG²	2.31	0.43	Beta	1.31	0.76
			EECG²	1.88	0.53

表 7-12 中央国企式 7-1 主要变量方差膨胀因子

变量	VIF	1/VIF
EECG	1.82	0.55
Level	1.67	0.60
LnSize	2.11	0.47
MBRG	1.58	0.63
Turn	1.70	0.59
Asset	1.89	0.53
Dual	1.28	0.78
ID	1.04	0.96
BM	1.86	0.54
PE	2.35	0.43
Beta	1.62	0.62
*EECG*²	1.53	0.65

表 7-13 式 7-4 求极值点主要变量方差膨胀因子

变量	地方国企 VIF	地方国企 1/VIF	中央国企 VIF	中央国企 1/VIF
EECG	1.78	0.57	1.73	0.58
LnPC	1.36	0.74	1.58	0.63
Opinion	1.03	0.97	1.90	0.53
Lev	1.91	0.52	2.17	0.46
Lnsize	1.55	0.65	1.38	0.73
MBRG	1.27	0.79	1.29	0.78
Turn	1.85	0.54	2.34	0.43
Asset	1.23	0.81	1.18	0.85
Dual	2.06	0.485532	1.83	0.546447
ID	1.80	0.555394	1.39	0.719422
BM	1.68	0.592236	2.31	0.234901
PE	2.11	0.471103	1.82	0.549452
Beta	2.03	0.493207	1.77	0.564972
*EECG*²	1.68	0.595503	1.35	0.740741
EECG × *LnPC*	1.28	0.781129	1.28	0.781253
*EECG*² × *LnPC*	1.74	0.585537	1.51	0.662252

第六节 实证检验结果及分析

一、实证结果

本章以 GLS/PEG/OJ 模型估算资本成本，以这三种模型估算结果的平均值作为资本成本的取值，实证研究检验 2009 年至 2016 年地方国企和中央国企高管外部薪酬差距与资 本成本的相关关系，实证结果表 7-14 为地方国企的回归结果，实证结果表 7-15 为中央 国企的回归结果，回归模型皆通过了 F 检验，且模型不存在严重的多重共线性。为了消 除组间异方差，本书在回归方程后加 Robust 命令。表 7-14 显示地方国企式 7-1，式 7-2 和式 7-3 的的回归结果，式 7-1 的回归结果显示：高管外部薪酬差距与资本成本在 95%的置信水平上显著负相关，高管外部薪酬差距的二次项与资本成本在 99%的置信水平 上显著正相关，c 的显著性得以验证，符合我们的预期。式 7-2 的回归结果显示：高管外 部薪酬差距与会计信息质量在 99%的置信水平上显著正相关，a 的显著性得以验证，假设 1a 得到验证。式 7-3 的回归结果显示：高管外部薪酬差距与资本成本在 90%的置信水平 上显著负相关，高管外部薪酬差距的二次项与资本成本在 99%的置信水平上显著正相关，c' 的显著性得以验证。同时，会计信息披露质量与资本成本在 99%的置信水平上显著负相 关，b 的显著性得以验证，假设 2a 得以验证。因此，c，a，c' 和 b 的显著性都得到了验 证，为部分中介效应。以上回归结果说明对于地方国有企业，会计信息披露质量在高管外 部薪酬差距与资本成本之间存在显著的部分中介效应。表 7-15 显示中央国企式 7-1 和式 7-2 的回归结果，式 7-1 的结果显示：高管外部薪酬差距与资本成本在 90%的置信水平 上显著负相关，高管外部薪酬差距的二次项与资本成本在 99%的置信水平上显著正相关，c 的显著性得以验证，符合我们的预期。式 7-2 的回归结果显示：高管外部薪酬差距与会 计信息披露质量呈正相关，但不显著，说明 a 不显著，进入 Bootstrap 检验。利用 AMOS 软件检验中介效应，计算出会计信息披露质量的中介效应估计值 - 0.018，其 95%置信水 平下的偏差矫正 Bootstrap 置信区间为（- 0.219，0.183），包括零值，说明对于中央企业，高管外部薪酬差距对会计信息披露质量的影响不显著，停止进一步关于会计信息披露质量作为中介变量对于资本成本的影响效应的检验，中介效应不显著。假设 1b 得到验证。表 7-16 显示式 7-4 的回归结果，式 7-4 的结果显示，在第六章的回归模型基础上加入了中介变量以后，回归得到的系数与 t 值与第六章相同变量回归得到的系数与 t 值相差很小。该回归方程的对称轴的 X 值为$-b/2a$，其中，二次项的系数为 a，一次项的系数为 b，针对地方国企的样本，求得极值点的 X 值为 0.004219，针对中央国企，求得极值点的 X 值为 0.004392，地方国企和中央国企的极值点数值相差不大，这个值是使资本成本达到最小值的高管外部薪酬差距，将这个极小值加上行业平均额外薪酬差距的结果带入薪酬决定模型，就可以求出每个企业取得资本成本最小值的薪酬金额。根据第三章对 2013 年至 2016 年高管外部薪酬差距数据的统计，除了批发零售贸易业的中央国企于 2013 年的高管外部薪酬差距数值大于极值点的数值；房地产业的中央国企于 2013 年至 2015 年的高管外部薪酬差距数值大于极值点的数值以外，其他情况下的高管外部薪酬差距皆小于极值点的数值，资本成本呈逐年单调上升趋势。以上分析的是根据全行业的高管外部薪酬差距估算出来的资本成本极值点，还可以对每个行业的资本成本极值点进行计算，了解各个行业的企业其资本成本处于极值点的左边还是右边，根据高管外部薪酬差距的变化趋势判断其对资本成本的影响。

表 7-14　式 7-1、7-2、7-3 中介效应检验（地方国企）：检验 c，a，c'，b

式 7-1Varibles	式 7-1 估计系数	式 7-1t 值	式 7-2Varibles	式 7-2 估计系数	式 7-2Z 值	式 7-3Varibles	式 7-3 估计系数	式 7-3t 值
EECG	−0.01	−2.31	EECG	3.17	3.79	EECG	−0.01	−1.69
Level	0.03	19.05	Level	1.56	2.15	Opion	−0.05	−7.01
LnSize	−0.01	−8.52	Board	0.61	12.31	Level	0.03	22.58
MBRG	−0.03	−9.17	ID	5.86	5.53	LnSize	−0.01	−6.34
Turn	−0.08	−3.99	First1	1.41	3.51	MBRG	−0.10	−11.16
Asset	0.03	0.53	First2-10	0.05	0.58	Turn	−0.03	−5.27
Dual	0.05	5.17	Beta	0.79	2.11	Asset	0.02	0.93
ID	−0.09	−5.92	Age	0.10	5.17	Dual	0.08	2.38

式 7-1Varibles	式 7-1 估计系数	式 7-1t 值	式 7-2Varibles	式 7-2 估计系数	式 7-2Z 值	式 7-3Varibles	式 7-3 估计系数	式 7-3t 值
BM	0.03	6.28	$Year$	控制		ID	-0.07	-4.19
PE	-0.01	-11.58	$Indu$	控制		BM	0.07	3.87
$Beta$	0.06	3.37	LR chi2（8）	219.23		PE	-0.01	-12.78
$EECG^2$	0.30	3.10	Preudo R2	20.32		$Beta$	0.04	4.83
$Year$	控制		样本量	4103		$EECG\ 2$	0.16	2.91
$Indu$	控制					$Year$	控制	
$Costant$	0.07	15.57				$Indu$	控制	
F 值	68.81					Costant	0.53	12.82
$Adj\text{-}R^2$	39.96					F 值	32.95	
样本量	2353					$Adj\text{-}R^2$	16.43	
						样本量	2257	

表 7-15　式 7-1、7-2 中介效应检验（中央国企）：检验 c，a

式 7-1Varibles	式 7-1 估计系数	式 7-1t 值	式 7-2Varibles	式 7-2 估计系数	式 7-2Z 值
$EECG$	-0.01	-1.68	$EECG$	25.20	1.08
$Level$	0.37	5.89	$Level$	6.13	2.55
$LnSize$	-0.01	-6.38	$Board$	0.67	12.78
$MBRG$	-0.13	-8.75	ID	2.55	4.52
$Turn$	-0.07	-2.33	$First1$	14.39	2.98
$Asset$	0.04	0.96	$First2\text{-}10$	2.40	0.77
$Dual$	0.03	2.79	$Beta$	3.40	3.52
ID	-0.08	-5.69	Age	0.14	4.91
BM	0.06	4.38	$Year$	控制	
PE	-0.01	-5.79	$Indu$	控制	
$Beta$	0.08	4.21	LR chi2（8）	7.69	
$EECG^2$	0.26	2.98	Preudo R2	28.46	
$Year$	控制		样本量	528	
$Indu$	控制				
$Costant$	0.07	11.27			
F 值	68.37				
$Adj\text{-}R^2$	35.17				
样本量	337				

表 7-16　式 7-4 求极值点回归结果表

Varibles	地方国企估计系数	地方国企 t 值	中央国企估计系数	中央国企 t 值
EECG	−0.01	−1.75	−0.01	−1.78
LnPC	0.01	2.32	0.01	1.07
Opinion	−0.02	−3.79	−0.03	−1.91
Lev	0.02	11.56	0.02	4.89
LnSize	−0.01	−4.79	−0.01	−1.82
MBRG	−0.07	−3.91	−0.08	−2.31
Turn	−0.01	−2.05	−0.02	−2.35
Asset	0.06	1.57	0.08	0.59
Dual	0.02	1.78	0.01	2.16
ID	−0.07	−2.34	−0.07	−2.35
BM	0.03	2.12	0.04	1.69
PE	−0.01	−8.93	−0.01	−3.95
Beta	0.06	3.49	0.05	2.17
$EECG^2$	0.27	2.31	0.93	1.86
Year	控制		控制	
Indu	控制		控制	
$EECG \times LnPC$	0.01	2.15	0.01	2.27
$EECG^2 \times LnPC$	0.01	2.96	0.01	2.08
Constant	0.59	7.57	0.61	3.99
F 值	18.13		3.03	
Adj-R^2	32.49		12.88	
样本量	521		118	

二、稳健性检验

（一）以 CAPM 模型替代 GLS/OJ/PEG 模型的稳健性检验

本书通过替换资本成本估算模型的方法来进行稳健性检验，以 CAPM 模型估算资本成本对地方国企的高管外部薪酬差距与资本成本的相关性进行稳健性检验。为了消除组间异方差，本书在回归方程后加 Robust 命令。从稳健性检验结果来看，稳健性检验的结果与之前的回归结果具有较强的一致性。

表 7-17 的结果显示式 7-1 和式 7-3 的检验结果，式 7-1 的稳健性检验结果显示：高管外部薪酬差距与资本成本在 99% 的置信水平上显著负相关，高管外部薪酬差距的二次项与资本成本在 99% 的置信水平上显著正相关，c 的显著性得以验证，式 7-1 通过稳健性检验。式 7-3 的检验结果显示：高管外部薪酬差距与资本成本在 99% 的置信水平上显著负相关，高管外部薪酬差距的二次项与资本成本在 99% 的置信水平上显著正相关，c' 的显著性得以验证。会计信息质量与资本成本在 99% 的置信水平上显著负相关，b 的显著性得以验证，式 7-3 通过稳健性检验。

表 7-17　式 7-1、式 7-3 中介效应稳健性检验：检验 c，c' 和 b

Varibles	式 7-1 估计系数	式 7-1t 值	Varibles	式 7-3 估计系数	式 7-3t 值
EECG	−0.01		EECG	−0.31	−6.49
Level	0.01		Opion	−0.05	−4.08
LnSize	−0.01		Level	0.18	6.82
MBRG	−0.06		LnSize	−0.14	−3.94
Turn	−0.02		MBRG	−0.09	−4.68
Asset	0.02		Turn	−0.13	−7.92
Dual	0.02		Asset	0.18	3.26
ID	−0.01		Dual	0.02	0.54
BM	0.01		ID	0.02	−3.13
PE	−0.01		BM	0.01	9.13
Beta	0.03		PE	−0.01	−3.30
$EECG^2$	0.13		Beta	0.01	5.30
Year	控制		$EECG^2$	0.18	5.27
Indu	控制		Year	控制	
Costant	0.57		Indu	控制	
F 值	35.17		Costant	0.80	10.02
Adj-R^2	23.68		F 值	35.29	
样本量	3358		Adj-R^2	22.28	
			样本量	3109	

（二）将董事前三位薪酬总额代替高管前三位薪酬总额的稳健性检验

将董事前三位薪酬总额代替高管前三位薪酬总额为地方国企做稳健性检验。表 7-18

的结果显示，董事外部薪酬差距与资本成本在 99%的置信水平上显著负相关，董事外部薪酬差距的二次项与资本成本在 95%的置信水平上显著正相关，c 得以验证，式 7-1 的稳健性检验得以验证。董事外部薪酬差距与会计信息质量在 99%的置信水平上显著正相关，a 得以验证，式 7-2 的稳健性检验得以验证。董事外部薪酬差距与资本成本在 99%的置信水平上显著负相关，董事外部薪酬差距的二次项与资本成本在 95%的置信水平上显著正相关，c'得以验证，会计信息质量与资本成本在 99%的置信水平上显著负相关，b 得以验证，式 7-3 的稳健性检验得以验证。c，a，c'和 b 的显著性得以验证，为部分中介效应。通过上述回归分析的实证检验，本书得出以下主要结论：

（1）本章采用中介效应检验方法，对会计信息披露质量在高管外部薪酬差距和资本成本之间的中介效应进行了检验。检验结果表明，在地方国企中，薪酬管制将通过对会计信息披露质量产生负面影响，继而对资本成本产生负面影响；由于高管外部薪酬差距将直接对资本成本产生影响，所以会计信息披露质量在高管外部薪酬差距和资本成本之间发挥部分中介效应。而在中央国企中，高管外部薪酬差距对会计信息披露质量的影响不显著，会计信息披露质量发挥的中介效应不明显。

（2）以 CAPM 模型代替 GLS/PEG/OJ 模型估算资本成本以及董事外部薪酬差距替代高管外部薪酬差距后，回归结果仍然不变。

表 7-18　式 7-1、式 7-2、式 7-3 中介效应稳健性检验：检验 c, a, c', b

式 7-1Varibles	式 7-1 估计系数	式 7-1t 值	式 7-3Varibles	式 7-3 估计系数	式 7-3Z 值	式 7-5Varibles	式 7-5 估计系数	式 7-5t 值
ECGOD	-0.01	-5.17	ECGOD	2.18		ECGOD	-0.01	-4.82
Level	0.02	7.82	Level	3.36		Opion	-0.10	-6.78
LnSize	-0.01	-2.93	Board	0.73		Level	0.05	5.21
MBRG	-0.09	-6.18	ID	4.33		LnSize	0.01	-3.89
Turn	0.02	3.91	First1	1.04		MBRG	0.04	-3.73
Asset	-0.03	-0.54	First2-10	0.06		Turn	0.01	3.56
Dual	0.09	1.28	Beta	0.29		Asset	-0.09	-0.87
ID	-0.05	-2.37	Age	0.18		Dual	0.03	1.03
BM	0.02	6.27	Year	控制		ID	-0.03	-2.99

式 7-1Varibles	式7-1估计系数	式7-1t值	式 7-3Varibles	式7-3估计系数	式7-3Z值	式 7-5Varibles	式7-5估计系数	式7-5t值
PE	0.01	0.29	Indu	控制		BM	0.02	5.33
Beta	0.03	1.91	LR chi2（8）	192.89		PE	0.01	0.85
ECGOD^2	0.10	2.53	Preudo R2	18.33		Beta	0.01	1.93
Year	控制		样本量	4008		ECGOD^2	0.09	2.36
Indu	控制					Year	控制	
Costant	0.80	5.98				Indu	控制	
F值	18.11					Costant	0.61	5.56
Adj-R^2	22.36					F 值	23.27	
样本量	2219					Adj-R2	19.05	
						样本量	2167	

第七节　本章小结

本章以 2009 年至 2016 年 A 股证券市场的国有企业为样本,根据温忠麟、叶宝娟(2004)的研究,以高管外部薪酬差距衡量高管薪酬管制的程度,按照中介效应的检验步骤,检验高管薪酬管制通过会计信息披露质量这个中介变量影响资本成本的具体传导路径[149]。检验结果表明,会计信息披露质量将作为中介变量对资本成本产生显著的负面影响。

因此,在施行薪酬管制的过程中,必须注意对高管薪酬体系采取综合治理的行动,统筹综合考虑,以防对问题的简单化处理,必须增强对会计信息披露的监管。尤其是我国国有企业存在较为严重的公司治理不力,内部人控制的情况,当薪酬激励不足时,更容易操纵会计信息,隐瞒违规获取利益的行为。因此,必须加强对会计信息披露的监管,加大内部监督和外部监督的力度,使会计信息披露的透明度得以提高,使股东尤其是中小股东能够通过质量高的会计信息对高管获取的货币薪酬以外收益形成有效监督,防范经理人一方面通过降低货币薪酬以降低公众的不满情绪,另一方面又通过降低会计信息质量使其获得的其他收益脱离公众的监督。其次,要着力解决由于产权不清而导致的较为严重的内部人控制问题,可引入机构投资者和自然人投资者持股,实现混合所有制经济形式,优化产权结构，继而优化公司治理，对会计信息披露质量形成良好的监督。另外，须保证薪酬管制的合理程度，防止过度的薪酬管制对会计信息披露质量产生较大的负面影响，继而保证薪酬管制对资本成本产生的较小的不利影响。

结　论

在过去几十年的时间里，"效率优先"成了很多分配制度的参考依据，由此导致的分配不公也引起了公众的关注，其中，国企高管的"天价薪酬"更是引起很多企业员工的不满。针对公众的不满，政府越来越重视"兼顾公平"的原则，薪酬管制越来越严格，从 2009 年开始，先后相继出台若干个有关国企高管薪酬分配的文件被称为"限薪令"，自此，基于国有资产管理体制的薪酬管制已成为我国政府在国企高管收入分配领域的一项正式的制度安排，而国企高管薪酬也由此逐渐降低。不断降低的国企高管薪酬又引发了另一个问题，即高管的外部薪酬差距激励性问题。高管不仅关注薪酬的绝对金额，这与高管的生活质量息息相关。同时，高管还关注薪酬的相对金额，根据"公平理论"的思想，高管还关注自己的薪酬与同行业相似职位的其他高管的薪酬的比较，即对高管外部薪酬差距的关注，当高管的外部薪酬差距为正时，高管将产生薪酬公平的心理，当高管外部薪酬差距不仅为正，且达到高管的心理预期时，高管的工作积极性得以达到最佳状态，工作质量得以达到最佳保证，此时投资者的投资风险评估降到最低，由此要求的必要报酬率最低，资本成本最低；当高管外部薪酬差距为负时，高管将产生不公平的心理，此时，为了弥补薪酬的不公平，高管可能采取其他方式，如过度在职消费等来实现公平的结果。过度在职消费是国企高管特有的、普遍的行为，为了进一步保护股东的财富，政府于 2012 年 12 月和 2014 年 8 月先后出台了两部限制国企高管在职消费的文件，文件细致、严格地对国企高管在职消费抑制提出了要求。在职消费受到抑制将导致国企高管更关注所获的货币薪酬，高管外部薪酬差距与资本成本之间的相关性增强。面对薪酬管制，高管为了实现尽可能高的工作回报，可能采取过度在职消费、过度投资、职务侵占和关联交易等行为，为了应对股东和公众的监督，高管可能对会计信息施行造假行为，或隐瞒相关信息，高管的这些行为将对会计信息披露质量产生不利影响，最终增加资本成本。本书以我国深沪两市 A 股上市公司 2009 年至 2016 年的样本数据为研究对象，在对我国国企和民企分样本实证检验的基础上，分析了高管外部薪酬差距对资本成本的影响路径和效应，对高管外部薪酬差距通过影响会计信息披露质量，从而间接影响资本成本的路径和效应进行了分析。

本书的主要研究结论如下：

1. 研究结论

（1）高管外部薪酬差距与资本成本呈 U 型相关关系。当高管外部薪酬差距大于 0 且不低于高管期望的薪酬差距时，高管保持较高的工作积极性和工作质量，高管外部薪酬差距的降低将降低代理成本，投资者付出成本得以回收的风险降低，投资者财富实现增长的风险降低，资本成本降低。随着高管外部薪酬差距的进一步降低，高管的工作积极性降低，工作质量可能降低，投资者付出成本得以回收的风险提高，投资者对其投资的风险评价提高，资本成本提高。因此，高管外部薪酬差距与资本成本呈 U 型相关关系。

（2）在职消费将对国企高管外部薪酬差距与资本成本之间的相关性产生影响。对于国企而言，在职消费受到抑制以前，高管的货币薪酬的不足可以通过在职消费得以弥补，货币薪酬对高管的工作积极性影响较没有在职消费弥补时减弱，高管工作积极性的高低决定了高管工作质量的高低，继而影响了投资者对其投资的风险评估水平高低，影响了资本成本的高低，从而使得高管外部薪酬差距对资本成本的影响效应减弱。因此，国企高管的在职消费没有受到抑制将削弱高管外部薪酬差距与资本成本的相关关系。当在职消费受到抑制时，高管的收益主要来自货币薪酬，高管更关注货币薪酬的多少。下降的货币薪酬与高管未失去高额的在职消费时的货币薪酬下降相比，将使高管产生更大的不满，高管无法通过在职消费弥补下降的高管外部薪酬差距，下降的高管外部薪酬差距对资本成本的负面影响更大。因此，国企高管的在职消费受到的抑制将加强高管外部薪酬差距与资本成本的相关关系。

（3）薪酬管制导致的较低的高管外部薪酬差距将降低会计信息质量，提升资本成本

薪酬管制导致较低的高管外部薪酬差距。面对降低的外部薪酬差距，高管将采取两种方式来弥补，一种是操纵公司的业绩，由于高管薪酬是以企业绩效为基础进行设计的，为了获取更高的薪酬，高管可能操纵会计信息，粉饰较差的会计信息，导致会计信息质量下降；假如财务绩效超过了对应的高管可能获取的最高薪酬，高管还可能采取平滑盈余的行为，将本年的盈余虚增到下一年。另一种是通过过度在职消费、贪污腐败、过度投资等方式获取利益。为了不被投资者发现高管的违规行为，高管可能对外隐瞒这些信息，或者采取作假的行为掩盖其行为，这也将导致会计信息质量下降，同时审计师也会出具更多非标审计意见。投资者无法准确、全面地了解企业的真实情况，对企业未来发展的不确定性评价提高，信息不对称程度提高，同时将导致投资者对企业未来收益的风险评估有所提高，从而增加资本成本。

2. 启示与建议

（1）薪酬管制应保持恰当的强度。过度的薪酬管制严重影响高管的工作积极性，继而降低高管的管理质量，提高投资者对其投资的风险评价水平，增加资本成本。对高管薪酬制度的设计必须充分考虑高管对工作作出的努力，给以高管恰当的工作报酬，过度地管制高管薪酬只能对公司未来的发展、对股东的利益和对资本成本产生负面影响。

（2）基于资本成本极小值点求得高管当年应有的薪酬企业可根据以高管外部薪酬差距为解释变量，以资本成本为被解释变量的回归方程求使资本成本达到极小值点的高管外部薪酬差距。将高管外部薪酬差距加上行业平均高管外部薪酬差距的结果带入薪酬决定模型，带入企业当年的相关变量数据，求得高管应有的使资本成本达到最低点的薪酬。

（3）加大内部监督和外部监督强度。由于薪酬管制降低了高管可以获得的工作报酬，高管可能通过一系列违规的行为来进行弥补，由于高管的薪酬回报与公司的业绩存在一定关联性，高管可能对公司业绩弄虚作假，例如，虚增或平滑公司业绩和过度在职消费、贪污腐败以及过度投资等；同时，可能对于这些造假行为遮掩隐瞒，这将不利于投资者对公司未来收益和风险做出准确的判断，降低了投资者的交易质量，增大了投资者的投资风险，

提高了资本成本。这种现象主要存在于地方国企中，很重要的一个原因就是地方政府出于政绩考虑，对国企高管败德行为的不作为，应加大对地方政府的监管与督促，对地方政府的不作为行为设立相应的惩罚措施，实现对高管行为的有效外部监督，同时加大企业内部的监督，以此规范高管的行为，才能保持较高的会计信息披露质量，使投资者获取充分准确的会计信息，从而降低投资者风险，降低资本成本，保护投资者的利益。

3. 局限性和未来研究方向

本书基于相关理论的分析，通过分析高管外部薪酬差距对资本成本影响的总效应，在职消费作为调节变量对高管外部薪酬差距与资本成本之间相关关系的影响效应，会计信息披露质量作为中介变量对高管外部薪酬差距与资本成本之间相关关系的影响效应，构建基于资本成本极小值点的高管薪酬体系，研究了降低企业资本成本，保护股东财富的途径。鉴于本人能力和数据资料的有限性。本书仍存在一些局限性，也是未来应进一步努力的方向。

主要的局限性和未来研究方向如下：

（1）非上市公司问题由于数据的不可得性，本书采用的样本都是深沪 A 股上市公司的数据，对于很多非上市公司也同样涉及本书研究的主题。样本的局限性限制了样本的数量，对回归结果的准确性有一定负面影响。未来将进一步搜集未上市公司的样本，对本书的主题进行更全面的研究。

（2）调节和中介变量问题通过文献学习和理论分析，本书将在职消费作为高管外部薪酬差距影响资本成本的调节变量，将会计信息披露质量作为高管外部薪酬差距与资本成本的中介变量进行回归分析。但是，由于本人理论分析和现有文献的局限性，也许存在其他调节变量和中介变量未被发现，引入本书，这个问题值得未来进一步深入探讨。

参考文献

[1]陈冬华，陈信元，万华林. 国有企业中的薪酬管制与在职消费[J]. 经济研究，2005(2):92-100.

[2]陈信元，陈冬华，万华林等. 地区差异、薪酬管制与高管腐败[J]. 管理世界，2009(11):130-142.

[3]黄再胜，曹雷. 国企经营者激励的制度性困境与出路[J]. 学术月刊，2008(8):72-78.

[4]Teresa Chu, In-Mu Haw, Bryan Byung-Hee Lee, et al. Cost of Equity Capital, Control Divergence, and Institutions: the International Evidence[J]. Review of Quantitative Finance and Accounting, 2014(3):483-527.

[5]Biajak, J., Lemmon, M ., Naveen, L. Does the use of peer groups contribute to higher Pay and Less Efficient Compensation?[J]. Journal of Financial Economics, 2008, 90 (2):77-89.

[6]Faulkender, M., Yang, J.. Insider the Black Box :the Role and Composition of Compensation Peer Groups [J]. Journal of Financial Economics, 2010, 96 (2):53-61.

[7]江伟. 市场化程度、行业竞争与管理者薪酬增长[J]. 南开管理评论，2011(5):58-67.

[8]Cowherd D M, Levine D I. Product Quality and Pay Equity between Lower - level Employees and Top Management:An Investigation of Distributive Justice Theory[J]. Administrative Science Quarterly, 1992, 37(2):302-320.

[9]Core, J., R. Holthausen and D. Larcker.Corpo-rate Governance, Chief Executive Officer Compensation, and Firm Performance[J]. Journal of Financial Economics, 1999(51):371-406.

[10]罗华伟，宋侃，干胜道. 高管薪酬外部公平性与企业绩效关联性研究——来自中国 A 股上市房地产公司的证据[J]. 软科学，2015(1):6-10.

[11]吴联生，林景艺，王亚平. 薪酬外部公平性、股权性质与公司业绩[J]. 管理世界，2010(3):117-126.

[12]汪平，邹颖. 资本成本之谜:到底如何估算资本成本?[J]. 财会通讯，2012(10): 6-11.

[13]阿尔弗雷德·马歇尔. 经济学原理[M]. 长沙：湖南文艺出版社，2012：69-77.

[14]Modigliani, Miller. Cost of Capital, Corporate Finance and the Theory of Investment [J]. American Economy Review, 1958(48):77-89.

[15]Newman.P., Milgate.M.,Eatwell.J.胡坚等译. 新帕尔格雷夫货币金融大辞典[K]. 经济科学出版社，2000:57-78.

[16]Mankiw, N. Gregory. The Term Structure of Interest Rates Revisited[J]. Brookings Papers on Economic Activity, 1986(1):61-110.

[17]Durand David. Costs of Debt and Equity Funds for Business: Trends and Problems of Measurement[C]. NBER Chapters, in : Conference on Research in Business Finance, 1952:215-262.

[18]Jensen, M. C., W. H. Meckling. Theory of the Firm: Managerial Behavior, Agency Costs and Ownership Structure[J]. Journal of Financial Economics, 1976,12(3):305-360.

[19]Luo,W, Y, Zhang, N.,Zhu. Bank Ownership and Executive Perquisites: New Evidence from an Emerging Market[J]. Journal of Corporate Finance，2011,17(2): .352~370.

[20]李一芳，曹健. 浅谈会计信息披露质量与权益资本成本的关系[J]. 商业经济，2017(5):146-148.

[21]田昆儒，齐萱，张帆. 上市公司会计信息披露质量提升问题研究[J]. 当代财经，2006(1):108-112.

[22]Healy P and K Palepu.. Information asymmetry，corporate disclosure，and the capital markets：A review of the empirical disclosure literature[J]. Journal of Accounting & Economics, 2001(31):405-440.

[23]Gebhardt W R. Lee C, Swaminathan B. Toward and Implied Cost of Capital[J]. Journal of Accounting Research, 2001, 39(1):135-176.

[24]Easton P D. PE Ratios, PEG Ratios, and Estimating. The Implied Expected Rate of Return on Equity Capital[J]. The Accounting Review, 2004, 79(1):73-95.

[25]Ohlson J A. Juettner-Nauroth B E. Expected EPS and EPS Growth as Determinants of Value[J]. Review of Accounting Studies, 2005, 10(2-3):349-365.

[26]Sharpe W F. Capital Asset Prices: A Theory of Market Equilibrium under Conditions of Risk[J]. The Journal of Finance, 1964, 19(3):425-442.

[27]Adams, J.S. Inequity in Social Exchange[M]. In L. Berkowitz (Ed.): New York: Academic Press, 1965:267-289.

[28]John·B·Mina. Theory of the Firm :Managerial Behavior[J]. Journal of Financial Economics, 1977(5):3305-360.

[29]Thibaut J, Walker L. Procedural Justice: A Paychological Analysis[M]. Hillsdale NJ:Erlbaum, 1975:277-299.

[30]Leventha G.S, Karuza J, Fry W .R. Beyond Fairness. :A Theory of Allocation Preferences[R]. In G Mikula(Ed.), Just Ice and Social Interaction. NY, 1980:27-55.

[31]汪平，邹颖，黄丽凤. 高管薪酬激励的核心重构:资本成本约束观[J]. 中国工业经济，2014(5):109-121.

[32]汪平，张孜瑶. 股权资本成本、市场化进程与高管—员工薪酬差距——来自中国上市公司的经验证据[J]. 外国经济与管理，2014(7): 14-23.

[33]邹颖，汪平. 股权资本成本与高管薪酬激励——一个高管薪酬改革思路的理论性阐释[J]. 经济与管理评论，2015(1):45-48.

[34]高文亮,罗宏. 薪酬管制、薪酬委员会与公司绩效[J]. 山西财经大学学报,2011(8):84-91.

[35]吴春雷，马林梅. 国企高管薪酬管制的有效性:一个理论分析[J]. 经济问题探索，2011(7):156-160.

[36]杨向阳,李前兵. 高管权力、在职消费与薪酬管制——基于国企上市公司的经验研究[J]. 淮阳工学院学报，2015(6):75-82.

[37]崔洪涛. 在职消费与薪酬管制[J]. 山东行政学院山东省经济管理干部学院学报，2005(12):90-91.

[38]王旭，孔玉生. 薪酬管制下的国企高管在职消费和企业绩效关系研究[J]. 财会通讯，2016(9):68-71.

[39]卢锐，魏明海，黎文靖. 管理层权力、在职消费与产权效率——来自中国上市公司的证据[J]. 南开管理评论，2008(10):85-92.

[40]王曾，符国群，黄丹阳，汪剑锋. 国有企业 CEO "政治晋升"与"在职消费"关系研究[J]. 管理世界，2014(5):157-171.

[41]张楠，卢洪友. 薪酬管制会减少国有企业高管收入吗——来自政府"限薪令"的准自然实验[J]. 经济学动态，2017(3):24-39.

[42]陈菊花，隋姗姗，王建将. 薪酬管制降低了经理人的激励效率吗?——基于迎合效应的薪酬结构模型分析[J]. 南方经济，2011(10):38-46.

[43]吴成颂，唐伟正，钱春丽. 制度背景、在职消费与企业绩效——来自证券市场的经验证据[J]. 财经理论与实践，2015(9):62-69.

[44]刘银国，张劲松，朱龙. 国有企业高管薪酬管制有效性研究[J]. 经济管理，2009(10):87-93.

[45]王晓文，魏建. 中国国企高管薪酬管制的原因及其对绩效的影响——基于委托人"不平等厌恶"模型[J]. 北京工商大学学报，2014(1):69-75.

[46]吴春雷，马林梅. 高管薪酬、监督力与控制权收益:限薪的后果[J]. 经济经纬，2011(7):141-144.

[47]韩亮亮,李园园. 银行高管权力、货币薪酬与在职消费[J]. 辽宁大学学报,2017(1):66-72.

[48]徐宁，姜楠楠. 高管薪酬管制、产权性质与双重代理成本[J]. 高管薪酬管制、产权性质与双重代理成本，2016(11):93-102.

[49]刘辉，干胜道. 基于公平偏好理论的国企高管薪酬管制研究[J]. 河南大学学报（社会科学版），2016(1):38-44.

[50]Akerlof G A. The Market for Lemons: Quality and Market Mechanism[J]. The Quarterly Journal of Economics, 1970, 84(3):488-500.

[51]Ross S A. The Determination of Financial Structure: The Incentive-signalling Approach[J]. The Bell Journal of Economics, 1977, 8(1):23-40.

[52]王新，毛慧贞. 高管薪酬管制、审计意见与审计师选择[J]. 会计与经济研究，2012(3):42-53.

[53]王新，蒲勇，赵峰. 国有企业经理人薪酬管制对会计信息透明度的影响研究[J]. 经济体制改革，2014(1):106-110.

[54]许玲艳. 高管薪酬激励对会计信息质量影响研究[J]. 现代商贸工业，2017(1):109-110.

[55]胡国柳，韩葱慧. 机构投资者与会计信息质量之关系的实证研究[J]. 财经理论与实践，2009(11):56-60.

[56]吴奕憬，于颖. 高管薪酬与会计信息质量相关性的研究[J]. 现代商业，2017(10):128-129.

[57]武振文，郑鹏侠. 基于博弈论的自然资源资产离任审计范围研究[J]. 全国商情，2016(12):109-110.

[58]刘慧凤，杨扬. 高管报酬与会计信息质量的相关性实证研究[J]. 经济管理，2009(11):118-124.

[59]简冠群. 高管薪酬对会计信息质量影响的研究——基于 A 股上市公司的经验数据[D]. 兰州: 兰州商学院，2013.

[60]贾勇，蒋梦圆. 会计信息质量内外部治理效应实证研究——以我国深圳 A 股上市公司为例[J]. 生产力研究，2017(1): 138-141.

[61]Diamond D, R. Verrecchia. Disclosure, Liquidity, and the Cost of Capital[J]. The Journal of Finance, 1991(46):1325-1359.

[62]EasleyD, MO' Hara. Information and the Cost of Capital [J]. The Journal of Finance, 2004(59):1553-1583.

[63]Lambert R., C. Leuz, R. Verrecchia. Accounting Information, Disclosure, and the Cost of Capital[J]. Journal of Accounting Research, 2007(45):385-420.

[64]Handa P., S Linn. Arbitrage, Pricing with Estimation Risk[J]. Journal of Financial Economics, 1993(28):81-100.

[65]ColesJ, ULoewenstein, JSuay. On Equily brium Pricing Under Parameter Uncertainty[J]. Journal of Financial and Quantitative Analysis, 1995(30):347-364.

[66]Botosan C. Disclosure Level and the Cost of Equity Capital.[J]. The Accounting Review, 1997 (72):323-349.

[67]BotosanC, M. Plumlee. Are-examination of Disclosure Level and the Expected Cost of Equity Capital.[J]. Journal Of Accounting Research, 2002 (40):21-40.

[68]BotosanC, M Plumlee, Xie. The Role of Information Positionin Determining Cost of Equity Capital[J]. Reviewof AccountingStudies, 2004(9):233-259.

[69]HribarP., N. Jenkins. The Effect of Accounting Restatement on Earning Revisions and the Estimated Cost of Capital[J]. Review of Accounting Studies, 2004 (9):337-356.

[70]Guay W. R, Verrecchia R. E. Conservative D isclosure[N/OL]. Available from http://papers.ssrn. com /sol3/ papers.cfm ?abstract_id=995562, 2007.

[71]Easley D, O'Hara. Information and the Cost of Capital[J]. Journal of Finance , 2004 (59):1553-1583.

[72]Francis J. Lafond R. Olsson P. Schipper K. The Market Pricing of Accruals Quality[J]. Journal of Accounting & Economics, 2005, 39(2):295-327.

[73]Shen C H. Huang Y L. Effects of Earnings Management on Bank Cost of Debt[J]. Accounting & Finance, 2013, 53(1):265-300.

[74]Eckles D L. Halek M. Zhang R. Information Risk and the Cost of Capital[J]. Journal of Risk and Insurance, 2013, 81(4): 861-882.

[75]Kim J B, Sohn B C. Real Earnings Management and Cost of Capital[J]. Journal of Accounting and Public Polich, 2013, 32(6):518-543.

[76]Barth M E. Konchitchki Y, Landsman W R. Cost of Capital and Earnings Transparency[J]. Journal of Accounting and Economics, 2013, 55(2):206-224.

[77]Lara J M G, Osma B G, Penalva F. Conditional Conservatism and Cost of Capital[J]. Review of Accounting Studies, 2011, 16(2):247-271.

[78]Li X. Accounting Conservatism and the Cost of Capital: An International Analysis[J]. Jounal of Business Finance & Accounting, 2015, 42(5) & (6):555-582.

[79]Botosan C A. Disclosure Level and the Cost of Equity Capital[J]. Accounting Review, 1997, 72(3):323-349.

[80]Talbi D, Omri M A. Voluntary Disclosure Frequency and Cost of Debt: An Analysis in the Tunisian Context[J]. international Journal of Managerial & Financial Accounting, 2014, 6(2):167-174.

[81]徐晟. 会计信息质量影响权益资本成本的实证分析[J]. 经济管理，2013(10):100-108.

[82]黎明，龚庆云. 准则革新、会计信息质量与权益资本成本——来自深市A股上公司的经验证据[J]. 财会通讯，2010(10):6-8.

[83]汪炜，蒋高峰. 信息披露、透明度与资本成本[J]. 经济研究，2004(7):107-114.

[84]曾颖，陆正飞. 信息披露质量与股权融资成本[J]. 经济研究，2006(2):69-79.

[85]于李胜，王艳艳. 信息风险与市场定价[J]. 管理世界，2007(2):76-85.

[86]陆宇建，叶洪铭. 投资者保护与权益资本成本的关系探讨[J]. 证券市场导报，2007(10):4-12.

[87]黄娟娟，肖珉. 信息披露、收益不透明度与权益资本成本[J]. 中国会计评论，2006(6):69-84.

[88]邓永勤，张水娟. 信息披露质量对权益资本成本的影响实证研究[J]. 财政研究，2010(3):60-63.

[89]支晓强，何天芮. 信息披露质量与权益资本成本[J]. 中国软科学，2010(12):125-131.

[90]Rosen, S. Authority, Control and the Distribution of Earnings[J]. Bell Journal of Economics, 1982(13):.311-323.

[91]Banker, R. and S. Datar. Sensitivity, Precision and Linear Aggregation of Signals for Performance Evaluation[J]. Journal of Accounting Research, 1989(27):21-39.

[92]Elloumi, F. and J. Gueyie. CEO Compensation, IOS and the Role of Corporate Governance[J]Corporate Governance, 2001(1):23-33.

[93]李琦. 上市公司高级经理人薪酬影响因素分析[J]. 经济科学，2003(12):113-127.

[94]John, T. A. and K. John. Top-management Compensation and Capital Structure[J]. Journal of Finance, 1993(48):949-974.

[95]Harvey, K. D. and R. E. Shrieves. Executive Compensation Structure and Corporate Governance Choices[J]. Journal of Financial Research,2001(24): 495~512.

[96]Boschen, J. F., A. Duru, L. A. Gordon and K. J. Smith. Accounting and Stock Price Performance in Dynamic CEO Compensation Arrangements[J]. The Accounting Review, 2003(78):143-168.

[97]Ghosh, A.. Determination of Executive Compen sation in an Emerging Economy: Evidence from India [J]. Emerging Markets Finance and Trade, 2006(42):66-90.

[98]Chung, K. and S. Executive Ownership, Corporate Value, and Executive Compensation: A Unifying Framework[J]. Review of Banking and Finance, 1996(20):1135-1159.

[99]Allen, M. Power and Privilege. In the Large Corporations: Corporate Control and Managerial Compensation[J]. American Journal of Sociology, 1981(86):1112-1123.

[100]Lambert, R., D. Larcker and K. Weigelt. The Structure of Organizational Incentives [J]. Administrative Science Quarterly, 1993(38): 438-461.

[101]Ho S., Wong K. A Study of Relationship between Corporate Government Governance Structure and the Extent of Voluntary Disclosure[J]. Journal of International Accounting , Auditing & Taxation, 2001(10):139-156.

[102]Modigliani E, Miller M H. The Cost of Capital Corporation Finance and the Theory of Investment[J]. The American Economic Review, 1958, 48(3):261-297.

[103]Robert f. Bruner, Kenneth M. Eades, Robert S. Harris and Robert C. Higgins. Best Practices in Estimating the Cost of Capital: Survey and Synthesis[C], Financial Practice and Education, Financial Management Association International, 1998:13-28.

[104]Jack Broyles. Cost of Capital. International Encyclopedia of Business & Management[M]. 2nd Edited by Malcolm Earner, 2002:739-747.

[105]Gordon M J. The Investment, Financing, and Valuation f the Corporation[M]. Homewood, Illinois: RD Irwin, 1962.

[106]汪平. 基于现代财务理论的中国国有企业利润分红问题研究[J]. 首都经济贸易大学学报，2008(3):9-16.

[107]陆正飞，叶康涛. 中国上市公司股权融资偏好解析——偏好股权融资就是缘于融资成本低吗?[J]. 经济研究，2004(4):50-59.

[108]沈艺峰，肖珉，黄娟娟. 中小投资者法律保护与公司权益资本成本[J]. 经济研究，2005(6):115-124.

[109]肖珉. 法的建立、法的实施与权益资本成本[J]. 中国工业经济，2008(3):40-48.

[110]Claus J. Thomas J. Equity Premis as Low as Three Percent? Evidence from Analysts' Earnings Forecasts for Domestic and International Stock Markets[J]. The Journall of Finance, 2001, 56(5):1629-1666.

[111]沈红波. 市场分割、跨境上市与预期资金成本—来自 Ohlson-Juettner 模型的经验证据[J].金融研究，2007(2):146-155.

[112]Ole-Kristian Hope, Tony Kang, Wayne B. Thomas and Yong Keun Yoo. Impact of Excess Auditor Remuneration on Cost of Equity Capital around the World[Z]. Working paper, 2008.

[113]Gode D, P. Moharnram. Inferring Cost of Capital Using the Ohlson-Juettner Mode[J]. Review of Accounting Studies, 2003,8(4):399-431.

[114]毛新述，叶康涛，张頔. 上市公司权益资本成本的测度与评价——基于我国证券市场的经验检验[J]. 会计研究，2012(11):12-22.

[115]Ross S A. The Arbitrage Theory of Capital Asset Pricing[J]. Journal of Economic Theory. 1976, 13(3):341-360.

[116]Fama E F, French K R. Common Risk Factors in the Returns on Stocks and Bonds[J]. Journal of Financial Economics, 1993, 33(1):3-56.

[117]Tim J. Regulation and the Cost of Capital[M]. Cheltenham: Edward Elgar Publishing. Inc, 2006.

[118]Copeland, Thomas E, Weston, J. Fred, and Kuldeep Shastri. Financial Theory and Corporate Policy[M]. Addison Wesley. 2003.

[119]Graham, John R, Campbell R. Harvey. The Theory and Practice of Corporate Finance: Evidence from the Field[M]. Journal of Financial Economics, 2001, 60(2-3):187-243.

[120]吴孝灵，周晶，王冀宁，洪巍. 基于 CAPM 的 BOT 项目"有限追索权"融资决策模型[J]. 管理工程学报，2012(4):175-183.

[121]赵鹏,唐齐鸣. Markov 区制转换模型在行业 CAPM 分析中的应用[J]. 数量经济技术经济研究，2008(10):87-97.

[122]余力，邓旭升，李沂. 我国集合信托产品定价规律研究——基于 CAPM 与 Bayesian VAR 模型的分析[J]. 当代经济科学，2013(1):56-62.

[123]Gachter, S., E. Fehr. Fairness in the Labor Market: A Survey of Experimental Results[J] Working paper. University of Zurich, 2002.

[124]祁怀锦,邹燕. 高管薪酬外部公平性对代理人行为激励效应的实证研究[J]. 会计研究，2014(3):26-32.

[125]Richardson A. J., Welker M. Social Disclosure, Financial Disclosure and the Cost of Equity Capital[J]. Accounting, Organizations and Society, 2001(26):597-617.

[126]Rolf W. Banz. The Relationship between Return and Market Value of Common Stocks[J]. Journal of Financial Economics, 1981,9(1):3-18.

[127]汪平，李光贵，巩方亮. 资本成本、股东财富最大化及其实现程度研究——基于中国上市公司的经验检验[J]. 中国工业经济，2008(4):110-118.

[128]叶康涛，陆正飞. 中国上市公司股权融资成本影响因素分析[J]. 管理世界，2004(4):127-131.

[129]姜付秀，陆正飞. 多元化与资本成本的关系——来自中国股票市场的证据[J]. 会计研究，2006(6):48-55.

[130]肖晗. 中小企业资本结构影响因素分析——基于中小企业板的实证研究[J]. 中国市场，2011(6):61-63.

[131]霍晓萍. 机构投资者持股的资本成本效应研究[D]. 北京：首都经济贸易大学，2014.

[132]Kyle A S, Vila J-L. Noise trading and takeovers[J]. The RAND Journal of Economics，1991, 22(1):54－71.

[133]Admati, A. R, and P. Pfleiderer, The'Wall Street Walk' and Shareholder Activism: Exit as a Form of Voice[J]. Review of Financial Studies, 2009,22(7),2645-2685.

[134]苏冬蔚，熊家财. 股票流动性、股价信息含量与 CEO 薪酬契约[J]. 经济研究，2013(11):56-70.

[135]Ang, J.S, Cole.R, Lin.J. Agency Costs and Ownership Structure[J]. Journal of Finance，2000(55):78-90.

[136]刘浩，唐松，楼俊. 独立董事：监督还是咨询?—银行背景独立董事对企业信贷融资影响研究[J]. 管理世界，2012(1):141-156.

[137]孙俊奇，张梅. 具有高管背景的独董与关联交易:监督抑或协作——来自上市公司的经验证据[J]. 福建论坛，2012(12): 38-43.

[138]张丽平，杨兴全. 管理者权力、外部薪酬差距与公司业绩[J]. 财经科学，2013(4):66-75.

[139]王浩，向显湖，尹飘扬. 高管权力、外部薪酬差距与公司业绩预告行为——基于中国证券市场的经验证据[J]. 华中科技大学学报，2015(11):92-104.

[140]孙凤娥，苏宁，温晓菲. 在职消费:薪酬补偿还是利益侵占[J]. 贵州财经大学学报，2017(5): 34-43.

[141]李焰，秦义虎，黄继承. 在职消费、员工工资与企业绩效[J]. 财贸经济，2010(7): 60-68.

[142]杜兴强，赖少娟，裴红梅. 女性高管总能抑制盈余管理吗?——基于中国资本市场的经验证据[J]. 会计研究，2017(1):39-45.

[143]Baron R. M., Kenny D. A. The Moderator-Mediator Variable Distinction in Social Psychological Research: Conceptual , Strategic and Statistical Considerations[J]. Journal of Personality and Social Psychology, 1986, 51(6):1173-1182.

[144]Sobel M. E. Asymptotic Confidence Intervals for Indirect Effects in Structural Equation Models[J]. Sociological Methodology, 182(13):290-312.

[145]温忠麟，张雷，侯杰泰，刘红云. 中介效应检验程序及应用[J]. 心理学报，2004，36(5):614-620.

[146]王新，毛慧贞. 高管薪酬管制、审计意见与审计师选择[J]. 会计与经济研究，2012(2):42-52.

[147]朱红军. 高级管理人员更换与经营业绩[J]. 经济科学,2004(8):82-92.

[148]毛洪涛，王新. 代理理论、经理层行为与管理会计研究——基于代理理论的管理会计研究综述[J]. 会计研究，2008(9):47-54 .

[149]于团叶，张逸伦，宋晓满. 自愿性信息披露程度及其影响因素研究——以我国创业板公司为例[J]. 审计与经济研究, 2013(1):68-78.

[150]谭兴民，宋增基，蒲勇健. 公司治理影响信息披露了吗?——对中英资本市场的实证比较研究[J]. 金融研究，2009(7):171-181.

[151]刘婉立，朱红. 基于公司治理视角的企业社会责任信息披露质量研究[J]. 北京工商大学学报，2013(11):74-80.

[152]惠晓峰，杜长春. 上市公司信息披露与贝塔系数[J]. 哈尔滨工程大学学报，2009(9):1077-1081.